스포츠
에이전트의
겉과 속

스포츠
에이전트의
겉과 속

박성배 · 전종환 지음

프롤로그

1990년대 중반에 개봉한 〈제리 맥과이어〉라는 영화를 기억하는가? 이 영화를 보고 수많은 청춘이 '스포츠 에이전트'라는 직업에 관심을 갖게 되었다. 당시만 해도 북미나 유럽에 비해 한국의 스포츠산업은 규모나 질적 수준이 그리 높지 않았다. 스포츠 에이전트라는 직업 역시 생소하게 느껴질 수밖에 없었다. 하지만 1990년대 한국프로야구와 농구대잔치 등의 인기가 높아지면서 우리나라에도 머지않아 '스포츠 에이전트'라는 직업이 생길 것이라는 기대감이 싹텄다. 스포츠 에이전트라는 새로운 분야에 대한 관심과 기대는 1990년대 중반부터 박찬호 선수를 기수로 조진호, 김병현, 김선우, 서재응 등이 메이저 리그^{MLB}에 진출하는 등 한국 야구 시장의 세계화가 본격적으로 시작되며 더욱 높아졌다.

1990년대 중·후반 LA 다저스에서 활약하던 박찬호 선수의 등판 경기를 보기 위해 수많은 야구팬은 한국 시각으로 대부분 오전 시간대에도 회사 휴게실이나 카페에 모여 박찬호 선수를 응원하곤 했다.

MLB에 대한 관심과 인기가 높아지면서 우리나라 팬의 수준 또한 높아졌다. 동시에 일부 프로야구 선수는 MLB나 일본의 NPB에 진출하는 것이 더는 꿈이 아닌 현실이 될 수 있다는 자신감을 얻었다. 해외에 진출하는 선수들은 언어 장벽뿐만 아니라 리그 규정이 우리나라와 확연히 달랐기 때문에 계약 과정 전반에 걸쳐 자연스럽게 해외 스포츠 에이전트의 도움을 받았다. 이것이 바로 한국 선수들이 에이전트 제도에 본격적인 관심을 갖게 된 계기다.

2000년대에 들어서자마자 한국프로야구 선수들은 그동안 공개 석상에서 얘기하지 못해 간과되었던 선수의 기본적인 권익을 논의하기 시작했다. 가장 먼저 선수협의회 창립을 시도했다. 그리고 프로야구 선수들의 권익을 제도적으로 보호하기 위해 선수노조의 설립을 공론화했다. 이렇게 할 수 있었던 배경에는 첫째, 일부 선수의 연봉이 급격하게 상승해 선수의 협상력이 강화되었고, 둘째, 선수의 입장을 이해하고 지지하는 팬이 증가했으며, 셋째, 선진 리그 시스템에 대한 이해도가 높아진 현실이 있었다. 결국 여러 난관을 겪으면서 한국프로야구선수협회가 만들어졌다. 그러나 아직까지 미국의 선수협회와 같은 노동조합의 지위를 얻지 못했기 때문에 선수협회의 영향력은 미국에 비해 상당히 제한적이다.

한편 프로축구, 프로농구, 프로배구에서 외국인 선수 제도(일명 '용병제도'라고 불리는 외국 국적 선수 수입할당제)를 도입하면서 한국 프로스포츠 리그는 중흥기를 맞이했다. 한국에서 활약하는 대부분의 외국인 선수는 에이전트를 통해 한국 리그와 인연을 맺게 된다. 그들은 한국어를 구사할 수 없다는 이유로 에이전트의 고용을 허가하도록 규정하고 있어서 내국인 선수와 형평성에 어긋난다는 비판을 받았다.

그동안 한국 스포츠산업의 발전 수준은 외형적으로 다른 선진 국과 비교해도 전혀 뒤질 것이 없었다. 1986년 아시안 게임을 시작으로 1988년 서울 하계 올림픽과 2002년 FIFA 한일 월드컵 대회, 2010~2013년 영암 F1 자동차 경주 대회, 2011년 대구 세계 육상 선수권 대회, 2017년 U-20 FIFA 월드컵, 2018년 평창 동계 올림픽까지 한국은 이미 국제 대회 유치 측면에서는 선진국과 어깨를 나란히 할 정도로 괄목할 만한 성과를 거뒀다. 2021년 기준 한국의 스포츠산업 규모는 64조 원에 이르며 문화체육관광부가 스포츠산업을 신국가 성장 동력으로 보고 2027년까지 국내 스포츠산업 규모를 100조 원 이상으로 키우겠다고 밝히기도 했다. 스포츠산업을 경기장으로 비유하자면 외형적 성장을 나타내는 대형 구조물은 어느 정도 갖춰진 셈이다. 이제는 스포츠산업의 외형적 성장과 함께 어떻게 하면 내적 성숙을 동시에 이룰 수 있을지에 대한 고민이 남아 있다. 그동안 쉽게 밖으로 꺼내놓고 말하기 껄끄러웠던 스포츠 에이전트 제도 확립에 대해 과감히 논의하고 이 제도에 대한 이해 관계자 간의 오해를 풀 필요가 있다.

이 책에는 스포츠 에이전트 산업의 전반적인 현황뿐만 아니라 선수, 협회, 리그 관계자의 의견을 취합·정리해 과연 그들이 에이전트 제도에 어떤 태도를 갖고 있는지, 왜 그렇게 생각하는지, 앞으로 이 제도를 성공적으로 정착시키기 위해서는 어떤 방안을 강구해야 하는지에 대한 논의를 담았다. 이 책의 초판이 출판되고 1년 반이 지난 2018

년에 한국프로야구에서 에이전트 제도가 시작되었다. 많은 사람들의 부푼 기대를 안고 시작된 이 제도의 공식 명칭은 'KBO 공인 선수대리인'이었다. 그동안 스포츠 에이전트를 갈망했던 많은 이들이 관심을 가졌던 터라 1년에 2차례 (2월과 8월)에 걸쳐 시험이 치러질 정도였다. 하지만 6년이 지난 지금은 어떠한가? 코로나 때문일까, KBO 에이전트 시장의 포화때문일까? 공인 선수대리인이 되고자 하는 사람들의 수는 급격히 줄어 시험은 이제 2년에 한 번씩 볼 수 있다. 뿐만 아니라 애초에 다짐했던 선진 제도를 지향한다는 구호는 사라진 듯 에이전트 규정에 어긋나는 비윤리적인 행위를 하는 에이전트가 많아졌다. 선수 시장이 크지 않은 탓에 한 에이전트당 대리할 수 있는 선수의 수를 제한했지만 크게 개의치 않는 모습이다. 또한 시즌 중에 야구장의 더그아웃에 들어가 [다른 에이전트와 계약되어 있는] 선수들을 접촉하는 등의 행위가 벌어지고 있다. 'KBO 공인 선수대리인' 제도는 마치 주인없는 제도가 된 것처럼 사람들의 관심사에서 서서히 멀어지고 있다. 스포츠 에이전트 제도의 도입은 분명 한국 스포츠산업사에 매우 중요하고 획기적인 사건이지만 이를 제대로 규제하고 관리하지 못한다면 그동안의 노력이 물거품이 될 것이다. 스포츠 에이전트 제도, 과연 우리가 기대했던 대로 많은 발전을 이뤘을까? 바로 이것이 개정판을 내는 이유다.

지난 수개월 동안 다양한 문헌 연구와 현장 인터뷰, 설문 조사를 통해 조사한 내용을 정리한 이 책은 총 14장으로 이루어져 있다. 1장에서는 에이전트 제도의 필요성을 논의했고, 2장에서는 스포츠 에이전트 산업의 역사와 발전 과정, 에이전트의 임무와 역할에 대해 설명했다. 3장에서는 우리에게 잘 알려진 세계 톱 에이전트를 소개하고, 그들의 수입 규모를 살펴보았다. 4장에서는 프로스포츠 리그 전체 연봉을 추정해 스포츠 에이전트가 활동할 수 있는 국내 시장 규모를 리그마다 구분해 정리했다. 이어서는 에이전트의 잠재 고객 시장을 종목별로 나누어 설명했는데, 5장에서는 야구, 축구, 농구, 배구 등 4대 프로스포츠 시장을, 6장에서는 올림픽과 격투기 종목을, 7장에서는 프로골프 선수 시장을 중심으로 다뤘다. 8장에서는 국내에서 활동 중인 스포츠 에이전트와 에이전시 시장 (프로축구, 프로골프, 외국인 선수) 현황을 정리했다. 9장에서는 문헌 연구와 사례 연구를 통해 미국과 일본의 스포츠 에이전트 시장에 대한 일반적인 현황을 분석하고 자격 조건에 대해 설명했다. 10장과 11장에서는 국내와 해외 시장에서 선수와 에이전트 간에 벌어졌던 다양한 법적 공방 사례를 소개해 무자격·악덕 에이전트에 대한 경각심을 갖도록 했다. 12장에서는 에이전트 제도에 대한 6가지 궁금증에 대한 답을 제시했다. 13장과 14장에서는 스포츠 에이전트 제도에 대한 오해를 풀고 에이전트 제도의 성공적인 정착을 위해서 어떻게 해야 하는지에 대한 제언을 담았다.

개정판을 쓰면서 어려움도 적지 않았다. 에이전트 제도의 필요성을 인지하면서도 리그의 규모나 상황에 따라 에이전트 제도를 바라보는 입장과 태도가 달라 일반화시켜 설명할 수 없었기 때문이다. 2018년에 이르러서야 시작한 KBO 공인 선수대리인제도, 2023년부터 FIFA가 직접 관리하게 된 축구 에이전트, 아직까지 외국인 선수들에게만 개방된 프로배구^{KOVO}, 프로농구^{KBL, WKBL}, 비교적 에이전트 계약이 자유로운 프로골프 등 리그마다의 특성을 개별적으로 구분해서 설명하고자 노력했음에도 불구하고 이 과정에서 여전히 혼동될 수 있는 부분이 존재할 수 있다. 또한, 개정판을 쓰면서 다양한 프로 리그의 상황을 골고루 포함시키고 싶었고 필요할 경우 대폭적인 내용의 수정 및 보완을 원했지만 코로나 19 및 에이전트 제도에 대한 관심 저하로 인해 이렇다할 큰 제도적 변화가 없었다는 한계가 존재했다. 이로 인해 어쩔 수 없이 에이전트 제도가 정식으로 도입된 한국프로야구와 K리그에 좀 더 많은 비중을 둔 점에 대해서 독자들의 너그러운 이해를 바란다.

이번 연구에 많은 조언과 도움을 주신 프로스포츠 구단과 협회 관계자, 에이전트, 경기와 훈련으로 바쁘고 지친 와중에도 인터뷰와 설문에 기꺼이 응해주신 감독과 선수들, 학부모 여러분께 진심으로 감사의 말을 전한다. 또한 스포츠산업 현황 및 통계 자료를 업데이트하는 과정에 많은 도움을 준 한양대 권태근 박사와 현신재 연구원, 그리고 이 책이 출간될 수 있도록 물심양면으로 도움을 주신 인물과사상사의 강준우 대표님과 이태준 부장님께 심심한 감사의 말씀을 드린다.

2024년 8월

박성배·전종환

contents

2
Part **스포츠 에이전트 시장의 현실**

3
Part **국내외 스포츠 에이전트 제도**

4
Part **스포츠 에이전트에 대한 오해와 진실**

contents

스포츠 에이전트,
꼭 필요한가?

1

스포츠 에이전트 제도 확립,
지금도 늦었다

우리에게 '스포츠 에이전트'라는 용어는 그리 낯설지 않다. 이미 1990년대 중반에 스포츠 영화로 선풍을 일으킨 〈제리 맥과이어〉를 통해 스포츠 에이전트라는 직업이 많이 알려졌다. 2014년에 개봉된 케빈 코스트너 주연의 〈드래프트 데이〉를 통해 스포츠 에이전트의 삶을 간접적으로나마 엿볼 수 있었다.

해외에서 좋은 활약을 펼치고 있는 여러 한국인 스포츠 스타 역시 해외 무대로 진출하도록 도와준 스포츠 에이전트가 없었다면 해외 진출 기회를 쉽게 얻지 못했을 것이다. 그렇다면 과연 스포츠 에이전트는 누구이며, 어떤 역할을 하는 것일까?

스포츠 에이전트란 '선수 등 스포츠와 관련된 개인, 경기 단체, 지방 자치단체, 기업 등의 고객(이하 '고객'이라 한다)에게 스포츠 에이전트 업무에 관한 권한을 부여받아 고객의 이익을 위해 그 업무를 행하고 보수를 지급받는 자'라고 정의한다. 보통 그들을 고용한 선수와 고객을 대신해 구단과의 계약을 체결하는 등 일반적 교섭권 또는 대리권을 위임받은 자 모두를 포괄적으로 의미한다고 볼 수 있다. 따라서 스포츠 에이전트는 구단 입단과 연봉 계약, 스폰서 계약 등 선수의 이익을 확보하기 위한 대리인 역할을 비롯해 선수의 이미지와 수입 관리, 법률과 세무 자문, 스케줄 관리 등을 담당한다.

스포츠 선수의 신체는 그 자체가 상품으로 인식되고 있다. 고도로 훈련된 기량인 기술을 더해 신체적 활동 가치를 발전시킴으로써 선수의 가치를 여러 각도에서 높인다. 선수가 기본적으로 보유한 능력과 시장 상황을 분석하고 다양한 협상 기법을 통해 선수의 경제적 가치를 제고하는 것이 스포츠 에이전트의 역할이다. 하지만 일부 종목을 제외한 대부분의 프로스포츠 선수는 에이전트 제도의 혜택을 누릴 수 없는 안타까운 상황이다. 직장인 김현수와 오승환의 사례를 들어 보자.

김현수는 A대학교를 졸업하고 서울에 본사를 둔 D회사에 입사했다. 요즘같이 취직이 하늘의 별 따기처럼 어려운 시절에 용케도 취업에 성공한 김현수는 가족과 친지의 축복과 환영 속에서 직장인으로서의 새 인생을 설계했다. 김현수는 어릴 적부터 일명 '엄친아'로 불리며 대학을 졸업할 때까지 정말 모범생으로 살아왔다. 그 결과, 대학 졸업식에서 최우수 졸업상을 받는 등 말 그대로 탄탄대로를 걸었다. 고향이 지방이었던 김현수는 회사 근처에 집을 구하기 위해 이리저리 알아보았다. 그는 공부는 잘했지만 사회 경험이 다소 부족했다. 특히 대학 재학 동안 학교 기숙사 외에는 거주 경험이 전혀 없던 그는 자취방을 구하는 일이 취업보다 어렵게 느껴졌다. 주변 사람들에게 이런저런 조언을 얻은 끝에 회사 근처에 있는 부동산을 찾아 열심히 돌아다니기 시작했다. 하지만 자신이 생각했던 동네에서 예산에 딱 맞는 자취방을 찾지 못했다. 결국 부동산 중개업소마다 "매물이 나오면 꼭 좀 연락해달라"고 부탁하고 돌아섰다. 부동산 중개업소를 나서면서 그는 '집을 구하는 일이 정말 사람을 지치게 만드는구나. 만약 부동산 중개업자의 도움을 받을 수 없었다면 얼마나 더 힘들었을까?'하는 생각에 안도의 한숨을 내쉬었다.

오승환은 아주 잘 나가는 S증권사의 펀드 매니저다. 대학교 4학년 때 S증권사가 개최한 대학생 모의 투자대회에서 초기 투자금의 3,000퍼센트에 해당하는 수익을 올려 이 회사에 특채로 들어갈 정도로 특출한 실력을 인정받았다. 하지만 매주 100시간을 넘게 일한 나머지 가족과 함께 시간을 보낼 수 없어서 매우 안타까웠다. 오랜만에 친구들을 만나 저녁 식사를 하면서 그는 고민을 털어놓았다. 모임에 참석한 친구 중에 10년 동안 여행사를 운영하는 친구가 있었는데 그는 바쁜 스케줄로 옴짝달싹할 수 없는 오승환을 대신해 가족 여행 계획을 세워주기로 했다. 친구의 도움으로 오승환은 본연의 업무에 더욱 집중할 수 있게 되었고, 그의 가족 역시 길지는 않지만 함께 시간을 보낼 수 있어서 기뻐했다.

직장인 김현수와 오승환의 사례를 스포츠 에이전트와 연계해서 생각해보자. 앞의 사례에 나온 김현수를 우리가 알고 있는 MLB의 볼티모어 오리올스 구단에서 뛰었던 김현수 선수라고 해보자. 김현수 선수는 프로구단에 입단할 때까지 야구에 많은 시간을 투자하고 노력을 아끼지 않았을 것이다. 야구에 관해서는 누구보다 자신감이 넘쳤을 것이다. 하지만 프로로 진출해 막상 구단과 계약할 때 그는 적지 않은 난관에 부딪쳤을 가능성이 크다. 표준 계약서부터 MLB에서 정한 각종 규제까지 모든 것이 낯설게 느껴졌을 것이다. 이렇게 경기 외적인 것에 대한 불안감을 떨쳐버리게 도와줄 수 있는 누군가가 필요했을 것이다. 볼티모어 오리올스에 뛰었던 김현수 선수는 현재 에이전트의 전적인 도움을 받아 야구에 전념하고 있다. 하지만 한국프로야구에서 활약했던 (당시) 두산 베어스 김현수 선수는 규정 제42조로 인해 에이전트의 도움을 전혀 받을 수가 없었다.

펀드 매니저인 오승환이 국내 삼성 라이온즈 야구 선수였다면 상황이 어떻게 달라졌을까? 펀드 매니저로서 시간이 절대적으로 부족한 그가 가장 절실하게 필요했던 여행사의 도움을 받는 과정에서 누구도 방해하지 않고 어떠한 장애물도 없었다. 하지만 프로야구 선수로서 훈련에만 집중해야 할 오승환 선수에게 계약뿐만 아니라 여러 가지 크고 작은 일을 대신해 줄 그 누군가(일명 '스포츠 에이전트')를 고용하는 것은 불가능했다. 2016년 2월 17일 정부는 '스포츠산업 활성화 대책'의 일환으로 스포츠 에이전트를 키워 스포츠산업을 더욱 활성화하기로 했다. 한국의 스포츠 에이전트 제도가 성공적이고 안정적으로 시행되기 위해서는 에이전트 제도가 가장 활성화된 선진 시장을 살펴보고 그들이 과거에 겪었던 여러 가지 시행착오를 사전에 인지해 잠재적 걸림돌이 될 수 있는 문제점을 하나씩 제거하면서 제도를 확립하는 것이 중요하다.

불편한 에이전트 제도

스포츠 에이전트 제도를 도입하면 다양한 혜택을 얻을 수 있는데도 불구하고 2018년 1회 스포츠 에이전트(=KBO 공인 선수대리인)가 탄생하기까지 KBO와 프로야구 구단 관계자는 대체로 이 제도에 반대 입장을 견지했다. 그 이유는 첫째, 지금까지 큰 무리 없이 리그와 구단을 운영해 온 탓에 불평등한 구단-선수의 관계로 그동안 간과되었던 선수의 기본적인 권익을 심각하게 인지하지 못했기 때문이다.

둘째, 에이전트 제도로 인해 구단의 연봉 지출이 늘어날 것을 우려했기 때문이다. 구단 입장에서 보면 이 제도의 도입으로 선수와의 관계가 더욱 악화될 수 있다는 부담감을 갖고 있다. 미국에서는 에이전트 제도가 활성화되면서 구단이 선수들에게 지급하는 총 인건비는 우려했던 대로 대폭 증가했다. 하지만 구단주로 구성된 리그운영위원회Board of Governors는 선수협의회와의 단체협상 협정Collective Bargaining Agreement을 통해 팀 연봉 총액 상한제인 '샐러리 캡'이라는 보호 장치를 만들어 과도한 연봉 지급으로 인해 구단이 파산하지 않도록 방어벽을 마련했다. 즉, 리그와 선수협의회가 협의를 통해 전체 구단 수입의 일정 부분(총 구단 수입의 50~60퍼센트 정도) 이상을 선수 연봉으로 지급할 수 없도록 해서 구단이 일방적으로 손해 보는 일이 없도록 제도화했다.

이러한 제도는 선수와 구단이 서로 윈-윈할 수 있는 절충안으로, 전체 구단 수입의 파이가 증가하는 경우에 선수 연봉도 더불어 증가할 수 있는 유용한 시스템이다.

셋째, 리그의 총 운영 수입이 과거에 비해 비약적으로 늘어났다고 해도 여전히 모기업에서 재정적으로 지원받기 때문에 연봉 상승을 야기하는 스포츠 에이전트 제도의 도입은 아직 시기상조라는 주장이었다. 2008년 올림픽 금메달, 2009년 WBC 준우승, 2015년 WBSC 프리미어 12 우승을 차지한 한국프로야구가 단지 시기상조라는 이유로 에이전트 제도 도입을 차일피일 미루고 있다는 것은 쉽게 이해하기 어렵다. 프로야구 A구단 관계자는 "구단을 통한 모기업의 광고 효과를 객관적으로 측정한다면 모기업이 지원하는 금액보다 훨씬 클 것이다"라고 전해 시기상조라는 명분이 점점 줄어들고 있음을 짐작할 수 있다.

넷째, 에이전트 제도가 도입되면 오랫동안 선수들을 심리적으로 장악해왔던 리그와 구단의 선수 통제권에 치명타를 입을 것이라고 우려했기 때문이다. 선수의 일탈 행위나 부적절 행위에 대해 직접적인 징계권을 가진 리그의 경우, 에이전트와 의사소통 과정에서 예상치 않게 발생할 수 있는 마찰 등을 단순히 구단 경영의 비효율성으로 폄하하며 탐탁하지 않게 여길 것이다.

다섯째, 일부 선수 역시 에이전트 제도에 대해 기대보다는 우려하는 경우가 있는데, 바로 부익부 빈익빈에 대한 걱정 때문이다. 즉, 실력이 뛰어나 구단과의 협상력이 좋은 일부 정상급 선수의 연봉은 급

상승하는 데 반해 그 외의 선수들은 이 제도로 혜택을 누릴 것이 별로 없을 것이란 우려다. 에이전트들도 정상급 선수를 고객으로 유치하기 위해 많은 출혈 경쟁을 벌이지만, 그 외의 선수는 에이전트의 관심을 끌기 어렵다는 고민을 하고 있다. 또한 선수의 실력을 바탕으로 객관적인 고과를 통해 연봉 협상이 이루어질 텐데, 이럴 경우 1군에서 활약한 경험이 없는 선수는 여전히 고과 평가가 어려워 에이전트 제도가 도입되어도 별다른 혜택을 보기 어렵다는 것이다.

에이전트 없는 선수들의 불리함

프로야구의 경우 선수의 가치를 평가하고, 수용 가능한 연봉을 산정하기 위해 구단은 운영팀, 육성팀 등에 연봉 산정 담당자를 두고 있으며, 연봉을 책정하기 위한 다양한 기준을 두고 있다. 구단은 데이터로 산출한 고과를 근거로 책정한 연봉을 선수들에게 제시한다. A구단의 연봉 산출 기준을 보면 구단 고과(50퍼센트), 정규 시즌 성적(20퍼센트), 타석 수 또는 투구 이닝(10퍼센트), 1군 등록일 수 (10퍼센트), 코치고과 (10퍼센트) 등의 항목으로 구성된다. 반면, 선수는 구단에 경기력에 대한 객관적인 근거를 제시할 길이 없다는 점, 보류 제도로 입단이후 수년간 구단에 종속되는 특수한 관계라는 점 등 때문에 구단에비해 협상력이 현저히 낮기 때문에 대체로 불리한 편이다.

선수가 연봉 산정에 불합리함을 느꼈을 때 4대 프로스포츠에서 활용할 수 있는 제도적 조치로는 연봉 조정 신청 제도가 있다. 프로야구와 프로축구는 조정위원회, 프로농구는 재정위원회, 프로배구는 상벌위원회에서 이 업무를 담당한다. 하지만 연봉 조정 신청의 시행 현황과 결과를 보면, 구단과 선수의 협상력 차이를 체감할 수 있다.

우선 1982년부터 시작된 프로야구에서는 총 21회의 연봉 조정 신청이 있었는데, 두 차례(2002년 LG 소속 유지현, 2021년 KT 소속 주권)를 제외하고는 모두 구단이 승리했다. 1997년부터 시작된 프로농구의 경우에도 프로야구와 별반 다르지 않았다. 총 32회의 보수 조정 신청이 있었는데, 1998년 당시 나산 소속이던 김현국과 2019년 인천 전자랜드 소속이던 박찬희가 구단을 이길 수 있었다. 프로배구는 V리그 출범 이후 최초로 OK금융 그룹 소속이었던 최홍석의 신청에서 손을 들어주며 한국프로배구에서도 선수의 연봉조정 승리 사례가 나왔다. 프로축구에서는 연봉 조정 신청이 워낙 빈번하게 일어나 현황을 산정한 자료는 따로 존재하지 않는다. 하지만 양측의 중간에서 중재하는 경우가 대다수였다고 협회 관계자는 설명했다. 이처럼 대부분의 프로스포츠에서 구단과 선수 간 협상 시 구단이 막대한 영향력을 행사하고 있는 것이 현실이다. 법률, 통계, 마케팅 등 전문적인 지식을 가진 에이전트가 나서서 구단과 선수가 비교적 동등한 입장에서 연봉 협상에 임할 수 있는 시스템을 만드는 것이 바로 에이전트 제도의 긍정적 가치라고 할 수 있다.

유명무실한 에이전트 제도

현재 4대 프로스포츠 리그는 내국인 선수와 외국인 선수 모두에게 해당되는 에이전트 규정을 갖고 있다. 하지만 실제로 에이전트 제도가 활성화되어 있는 리그는 프로야구^{KBO}와 프로축구(K리그)뿐이며 프로농구^{KBL, WKBL}와 프로배구^{KOVO}의 경우 외국인 선수들만 에이전트를 고용하고 있다. 프로축구의 경우 FIFA 에이전트 규정을 적용하여 2001년부터 FIFA 에이전트 자격시험에 합격한 자에 한해 활동할 수 있도록 했다. 하지만 FIFA가 2015년 4월 회원국 축구협회가 에이전트 제도를 각자 실정에 맞게 관리, 운영할 수 있도록 하는 중개인 제도를 허용하면서 시험도 자연스레 폐지됐다. 중개인 제도는 결격 사유가 없는 한 누구나 등록할 수 있었는데 이로 인해 이면계약과 높은 수수료 등 다양한 문제가 잇따라 발생했다. 이에 따라 FIFA는 에이전트 자격시험 부활을 추진했고, 2023년부터 에이전트 시험을 재도입하여 FIFA 에이전트 시험에 합격한 자에 한해 활동할 수 있도록 의무화했다.

국내 프로야구의 경우 전통적으로 계약을 체결할 때 선수와 구단 관계자가 직접 만나서 하도록 하는 대면 계약 제도가 원칙으로, 에이전트 제도를 인정하지 않고 있었다. 이후 공정거래위원회에서 2001년에 시정명령(공정거래위원회 의결 제2001-30호)을 내린 결과, 한국야구위원회 규약이 개정되었다. 그러나 개정된 규약에서도 변호사만 선수를 대리할 수 있고, 2인 이상의 선수 계약에는 관여할 수 없도록 규정해 에이전트 제도를 제한했다. 뿐만 아니라 부칙을 통해 대리인 제도 시행을 유보해 사실상 에이전트 제도를 인정하지 않고 있었다. 반면 국내 프로야구 선수 중 해외 리그로 진출하거나 해외 용병 선수의 국내 프로야구 입단 계약에서는 에이전트를 인정하는 등, 에이전트를 고용할 권리에 차별을 두어 내국인 선수의 에이전트 고용에 대한 형평성 문제가 지속적으로 제기되었다. 이에 따라 한국프로야구선수협회는 지속적으로 대리인 제도의 시행을 요구하였고, 2017년 9월 KBO 이사회에서 대리인 제도 시행을 결의함으로써 2018년 2월부터 프로야구 선수 대리인이 선수를 대리하여 선수 계약을 체결할 수 있게 되었다. 선수 대리인은 반드시 선수협회가 정한 자격심사와 자격시험을 거쳐 선수협회의 공인을 받은 개인만이 인정되고, KBO 공인 선수대리인만이 선수를 대리하여 구단과 선수 계약을 체결할 수 있다.

이에 반해 프로배구[KOVO], 프로농구[KBL, WKBL]에서는 에이전트를 인정하지 않거나 제한하고 있다. 프로배구에서는 규약 제64조 제2항에 따라 대면 계약을 원칙으로 하며, 국내에서 발생하는 선수 이적과 계약에 대한 에이전트의 역할을 사실상 인정하지 않고 있다. 반면, 해외 용병 선수의 국내 이적과 관련해서는 에이전트 선임을 인정하여 에이전트 제도의 적용을 둘러싸고 내국인 선수와 해외 선수 간의 형평성 논란이 끊이지 않고 있다. 지난 2012년 김연경 선수가 터키프로배구팀으로 이적하는 과정에서 자유 계약[FA] 선수 자격 취득 요건과 관련한 국내 규정의 해석과 계약 관계를 두고 구단과 갈등을 빚었다. 결국 국제배구연맹이 나서서 갈등을 봉합했지만 이 과정에서 선수의 권익과 신분 보호를 위해 국내에서도 에이전트 제도를 인정해야 한다는 의견이 곳곳에서 제기되었다.

국내 프로농구에서도 그동안 에이전트 제도를 인정하지 않았지만, 최근에 규약을 개정해 내국인 선수의 에이전트도 명목상 허용하고 있다. KBL 규약 제75조에 따르면 구단의 선수 계약에 관해서는 선수에게 권한을 위임받은 에이전트 이외의 어떤 사람도 대리인 역할을 담당할 수 없고, KBL이 정한 절차에 따라 등록한 사람에 한해서만 에이전트를 인정하고 있다. 하지만 실제로 KBL은 국내 선수의 에이전트가 등록 제도 자체를 마련하지 않고 있어 국내 선수는 에이전트를 고용하기 어려운 상황에 처해 있다. 또 시장이 협소하다는 이유로 내국인 선수에 대한 에이전트 제도 조항은 사실상 유명무실하게 적용되고 있다. 이에 반해 외국인 용병의 에이전트에 대해서는 자격과 활동에 대한 별도의 제약 없이 인정하고 있다.

프로농구에서 에이전트와 관련된 대표적인 분쟁으로, 2005년 2월 KBL 국내 선수 드래프트에서 추첨을 통해 KTF(현재 부산 KT 소닉붐)에 1순위로 지명된 방성윤의 사례를 들 수 있다. 방성윤은 IMG 코리아에 계약 협상을 위임했고, IMG 코리아는 KTF와 협상을 시도했다. 그러나 KTF는 KBL이 내국인 선수의 에이전트 고용을 인정하지 않고 있음을 내세워 방성윤과 직접 연봉 협상을 하고자 했다. KBL 규정상 2005년 6월 말까지 KTF와 계약 체결을 하지 못할 경우, 5년간 국내 프로 무대에서 활동할 수 없는 상황이었기에 에이전트를 통한 협상 가능 여부를 두고 양측의 갈등은 고조되었다. 결국 방성윤과 KTF는 몇 차례 직접 협상을 한 후, 2005년 6월 29일 연봉 9,000만 원에 5년 간 계약을 하면서 향후 2년 동안 미국프로농구 진출 기회를 보장받았다. 당시 구단이 에이전트와의 입단 계약 협상을 거부하면서 선수로서는 계약이 완전히 성사될 때까지 정신적으로 매우 힘든 시간을 보냈을 것이다.

여자 프로농구^{WKBL}는 규약을 통해 변호사, 법정 대리인에 한해 에이전트로 인정하는 반면, 외국인 선수에 대해서는 매 시즌 에이전트 등록제를 운영해 국제농구연맹FIBA 또는 WNBA 에이전트 자격을 소유한 자 등의 자격 요건을 갖춘 자에 한해 에이전트 활동을 보장하고 있다.

외국인 선수에게만 너그러운 에이전트 제도

국내에서 활동하는 대부분의 외국인 선수는 에이전트 제도의 혜택을 충분히 누리고 있다. 해외 리그에서 활약한 경험이 있는 선수는 국내 리그로 들어오기 전에 이미 고용한 에이전트가 있기 때문에 에이전트 고용에 대해 별다른 조치를 할 수 없는 입장이다. 또한 국내 스포츠 리그에 미치는 외국인 선수들의 영향력이 점점 커지는 만큼 구단이 필요한 외국인 선수들을 빨리 제대로 찾기 위해서는 이들을 관리하고 있는 에이전시를 찾는 것이 가장 좋은 방법이다. 외국인 선수와 함께 활동하는 국내 선수들도 외국인 선수의 에이전트 고용에 대해 매우 호의적인 입장을 보인다. 한 프로야구 선수는 "외국인 선수가 에이전트를 고용하는 것에 대해서는 불만이 없다. 왜냐하면 외국에서 온 만큼 연봉 협상 등에서 의사소통으로 스트레스를 받지 않고 운동을 해야 하기 때문이다. 또 외국에서는 이미 제도가 활성화되어 있기 때문에 불합리하다고 생각하지 않는다"고 말했다. 또 다른 프로야구 선수 역시 이와 비슷한 의견을 피력했다. "메이저 리그를 포함한 타 리그에서는 에이전트 제도가 이미 보편화되어 있어 타 리그에서 오는 외국인 선수가 에이전트를 고용하는 것은 크게 불평등하다고 생각하지 않는다. 또 국내 야구 시장 규모가 작기 때문에 이런 부분에서 불평등이라기보다는 매우 당연한 것으로 받아들이고 있다"고 말했다.

더 늦출 수 없는 에이전트 제도 정비와 확립

앞에서 살펴본 바와 같이 미국에서는 (비록 크고 작은 문제가 있긴 하지만) 비교적 스포츠 에이전트 제도가 잘 도입되어 다양한 분야의 선수가 권익을 보호받는 동시에 선수들의 시장 가치 또한 상승했다. 한편, 이들의 시장 가치(연봉)가 상승하자 구단의 비용도 즉각적으로 증가했다. 일부 정상급 선수는 구단의 재무 상태에 치명적인 결과를 가져오기도 했다.

한국의 에이전트 시장은 규약 제정을 통해 그 형태만 갖추었을 뿐 아직 보편화되지 못한 걸음마 단계 수준이라고 할 수 있다. 에이전트 시장이 더욱 활성화되기 위해서는 우선 이 제도를 둘러싸고 있는 관계자들의 다양한 입장을 살펴봐야 한다. 한국에서 스포츠 에이전트 제도가 활성화되면 어떤 장점이 있고, 에이전트 제도를 반대하는 사람은 어떤 이유로 반대하는 것일까에 대한 심도 있는 논의가 필요한 순간이다. 프로야구가 탄생한 지 약 42년이 지났지만 공인 선수대리인 제도는 2018년이 되어서야 시행되었다. 한국의 프로배구와 프로농구 역시 여전히 에이전트 제도의 정비와 확립이 필요하다. 스포츠 에이전트 제도가 한국 스포츠산업에 제대로 정착한다면 어떤 긍정적인 변화가 생길까?

첫째, 지금까지 프로스포츠 선수의 연봉 협상 과정에서 당연하게 생각했던 구단과 선수의 불평등한 협상력으로 피해를 볼 수밖에 없던 선수들의 불이익을 줄일 수 있다. (FA 자격을 얻은 선수 몇 명을 빼놓고) 대부분의 프로스포츠 선수는 연봉 협상할 때 계약서에 있는 중요 사항을 정확하게 인식하지 못하고 자신의 이름과 연봉 금액, 계약 기간 정도만 재확인할 뿐 계약과 관련한 어떠한 의견을 내는 일이 드물었다. 또한, 감독이나 코치의 계약서와는 달리 구단과 선수 간의 계약서 쌍방 보관 의무를 명기하지 않은 탓에 적지 않은 KBO 소속 선수가 계약서를 (물론 일부 구단을 제외하고) 갖고 있지 않았다. 이는 계약을 맺은 쌍방이 계약서를 각각 보관하도록 하는 공정거래법 원칙에도 어긋나는 것이다.

실제로 대부분의 선수는 연봉 테이블 상대편에 앉아 있는 구단 대표이사나 단장과의 연봉 계약에서 심리적으로 위축될 수밖에 없다. 그들이 진정한 목소리를 낼 수 없게 하는 내부 분위기 역시 계약 당사자 간의 협상 지위를 불공평하게 만들 여지가 충분하다. 따라서, 에이전트가 생기면 선수는 협상력이 높아지고 구단은 에이전트와 협상을 함으로써 선수와의 직접적인 갈등과 마찰을 최소화할 수 있다는 장점이 있다. 연봉 협상 과정에서 선수는 구단 관계자의 영향력이 제한적인 에이전트와 동행함으로써 자신의 연봉 협상력을 상대편과 대등하게 높일 수 있다. 이는 결국 선수의 권익을 보호하는 지름길이 된다.

둘째, 선수가 금지 약물을 복용하는 등 곤란한 상황에 처해 구단의 도움을 받을 수 없을 때 에이전트가 나서서 선수를 도와줄 수 있다. 선수협의회는 리그와의 공식 교섭권이 없기 때문에 선수가 물의를 일으켰을 때 선수를 효과적으로 도와주는 데 한계가 있다. 따라서 에이전트가 선수들이 필요 이상의 금전적·정신적 피해를 받지 않도록 도와줄 수 있다. 올림픽에서 23개의 금메달을 포함해 총 28개의 메달을 딴 미국의 영웅이 된 마이클 펠프스 선수는 금지 약물 복용, 대마초 흡연, 음주 운전 등으로 크고 작은 구설에 올랐지만 에이전트의 적극적인 도움을 받아 수영 선수로서의 생활을 영위하는 데 큰 불편을 느끼지 않았다고 한다.

셋째, 연봉 외에 딱히 이렇다 할 수입원이 없는 프로스포츠 선수에게 광고 계약이라든지 스폰서십 계약 등의 기회가 생겨 잠재적으로 스포츠산업 시장에 체인 효과가 발생할 수 있다. 예를 들면, 아웃도어와 스포츠 관련 상품 시장 광고를 잠식한 연예인들과 경쟁 구도를 만들어 예비 스포츠 스타의 활약이 좀 더 늘어날 수 있을 것이라고 생각한다.

넷째, 여타 직업군에 비해 생명이 그리 길지 않은 운동선수에게 제

2, 제3의 커리어를 개발해 은퇴 후의 삶을 좀 더 안정적으로 이어갈 수 있도록 가이드해 줄 수 있다. 최근에 안정환, 서장훈, 이대호, 박주호 등과 같이 과거에 화려하게 활약했던 스포츠 스타들이 연예 프로그램에 종종 등장한다. 은퇴 후 소식을 궁금해하던 많은 팬은 그들의 텔레비전 출연이 반가울 수밖에 없을 것이다. 하지만 이들을 열렬히 응원했던 팬들은 한국 스포츠계를 주름잡던 스타들이 스포츠가 아닌 연예계로 방향을 바꿔 활동하는 것에 아쉬움을 느끼기도 한다. 대부분의 프로스포츠 선수가 은퇴 후 제2, 제3의 인생을 제대로 준비하지 못한 채 선수 생활을 그만두는 일이 다반사인 지금의 상황에서 그들의 은퇴 후의 삶을 보다 값지게 만들 조언자가 절실해 보인다. 선수로서 현역 기간뿐 아니라 그 이후의 활동까지 설계해줄 수 있는 적극적인 의미의 에이전트가 필요한 또 다른 이유라고 할 수 있다.

다섯째, 구단과 관계가 불편한 선수는 에이전트를 통해 긴장 관계를 풀어나갈 수 있다. 한국에서 프로스포츠 선수로 활약하기 위해서는 독점 구조로 형성된 하나의 시장밖에 기회가 없다. 다시 말하면 한국에서 프로 야구 선수가 되기 위해서는 KBO에 등록된 구단에서 활동하는 길밖에 없는데, 시장이 하나이기 때문에 선수에 대한 이들 구단의 장악력은 상상할 수 없을 만큼 강력하다. 구단과 선수 간의 보이지 않는 수직 관계, 혹은 상하 관계는 시장의 자율성을 해칠 가능성을 키운다. 그러나 상하 관계에서 기인한 불평등한 관계를 바로잡을 수 있는 '정의로운 누군가'가 아직까지 음지에 묻혀 있다. 물론 모든 스포츠 에이전트가 정의롭다는 의미는 결코 아니다. 하지만 유능하고

· 한국형 스포츠 에이전트의 필요성

현행 스포츠 에이전트 제도의 분쟁 사례 및 문제점
· 위약금과 에이전트 수수료 반환
· 이중계약 관련 분쟁
· 에이전트 전횡

한국형 스포츠
에이전트의 필요성

계약상 불평등
· 구단-선수 간 협상력 불균형
· 제반 법률과 가치 분석에 대한 전문성을 지
  닌 에이전트 필요성 제고

스포츠 에이전트 제도 적용의 형평성
· 일부 프로스포츠 에이전트 제도 미운영
· 해외 진출 내국인 선수, 국내 진입 외국인 선수에
  한정된 에이전트 계약
· 국내 활동 중인 내국인 선수에게 혜택이 돌아갈 수
  있도록 본 제도를 통한 보편화 실시

자격이 검증된 에이전트는 선수(고객)가 구단의 강력한 힘에 맞대응할 수 있도록 조력자로서의 역할을 할 수 있다.

마지막으로 외국인 선수만 고용할 수 있는 반쪽짜리 에이전트 제도의 문제점을 바로잡아야 한다. 국적에 따른 진입 장벽이 낮아지면서 점점 많은 해외 선수가 국내 리그에서 활약하고 있으며, 국내 선수의 해외 진출 역시 꾸준히 증가하고 있다. 하지만 국내의 몇몇 리그는 해외 리그와 달리 외국인 선수에게만 에이전트 고용 권리를 보장하고 있는데, 이러한 이중적인 규정을 하루빨리 손볼 필요가 있다. 이것이 바로 한국 프로스포츠의 품격을 높이는 지름길이 될 것이다.

스포츠 에이전트 산업의 역사적 배경

스포츠 에이전트의 등장은 1920년대로 거슬러 올라 간다. 레드 그랜지라는 당대 최고의 풋볼 선수가 1925년 시카고 베어 스와 계약할 때 그의 에이전트였던 찰스 파일이 그를 대리해서 체결 한 연봉 계약이 스포츠 에이전트의 첫 번째 사례라고 볼 수 있다. '연 봉 대리 계약'이라는 소극적인 의미의 에이전트 역할에서 보다 포괄 적인 역할을 하는 현대적 의미의 스포츠 에이전트가 등장하기까지는 다시 40년이 걸렸다.

미국프로야구 구단 보스턴 레드삭스에서 포수로 활약하다 디트로 이트 타이거스에서 투수로 포지션을 바꿔 맹활약했던 흑인 투수 얼 윌슨은 야구 선수로서 최종 목표와 흑인으로서 삶의 방향에 대해 고 민이 많았다. 포수라는 포지션으로 보스턴 레드삭스에 지명되었지만 강한 어깨를 인정받아 투수로 포지션을 바꿔 야구 선수로서는 성공했지만 다른 선수에 비해 보이지 않는 시련을 많이 겪었다. 그는 1962년에 일어난 작은 사고로 지인에게 소개받은 젊은 변호사 로버트 우프에게 이런저런 고민을 상담했다. 우프는 윌슨 사건을 해결했을 뿐만 아니라 우연찮게도 1967년 디트로이트 타이거즈와 연봉 계약까지 대리하게 되었다.

많은 야구 전문가가 이때부터 본격적인 의미의 스포츠 에이전트라는 직업이 탄생했다고 설명한다. 우프는 선수 연봉 계약 외에 각종 상담과 조언 sports advisor 서비스를 제공해 흔히 말하는 '적극적인 의미의 에이전트' 역할을 했다.

한편, 다른 스포츠 종목에서도 에이전트라는 직업이 생겨나고 있었다. 세계 최고의 스포츠 마케팅 컨설팅 회사 IMG의 설립자인 마크 매코맥은 1960년대 후반에 당대 최고의 골프 스타인 아놀드 파머를 고객으로 맞이했다. 파머의 PGA 대회 스케줄과 텔레비전 출연, 후원 광고 섭외 등을 IMG에서 대신하면서 몇 년 만에 그의 1년 수입이 5만 달러에서 1,000만 달러로 수직 상승했다.

일부 스포츠산업 전문가는 매코맥의 등장이 본격적인 스포츠 에이전트 시대의 개막이라고 생각한다. 그 이유는 스포츠 스타의 금전적 가치를 최대화하기 위해 용품 후원 계약이라는, 당시로서는 매우 세련되고 매력적인 개념을 선보였기 때문이다. 다시 말해서 골프, 테니스와 같이 우승상금을 목표로 하는 스포츠 경기는 선수의 고정적인 수입이 보장되지 않기 때문에 에이전트가 수입을 높이는 데에는 한계가 있다. 매코맥은 선수들이 언론에 노출되는 기회가 많다는 점을 이용해 후원 계약이라는 새로운 수입원을 생각해낸 것이다. 그것은 우리가 흔히 말하는 '광고 후원' 혹은 '용품 후원 계약'이라고 볼 수 있다. 이것은 다른 스포츠 에이전트와 매코맥의 차이점이었으며, 그가 찬사를 받은 이유이기도 하다.

일반적으로 스포츠 에이전트는 운동선수 에이전트athlete agent, 스포츠 변호사sports lawyer, 혹은 스포츠 어드바이저sports advisor라고 불리기도 한다. 이들의 직업을 한마디로 정의하기는 쉽지 않지만, 미국의 '스포츠 에이전트 법The Uniform Athlete Agents Act'에는 "운동선수, 혹은 운동을 전공하는 학생을 모집해 이들과 에이전시 계약을 통해 이윤을 창출하는 역할을 하는 사람"이라고 정의하고 있다. 최근 미국에서 스포츠 에이전트로 활약하는 사람 중에 50퍼센트 이상이 변호사 자격을 갖고 있다(로스쿨을 졸업하는 변호사 수가 증가하면서 변호사 자격을 가진 에이전트의 비율 역시 매년 높아지고 있다). 그들은 다른 경쟁 에이전트보다 전문성이 있다는 것을 강조하기 위해 스스로 '변호사 에이전트lawyer-agent'라고 부르는데, 대개는 은퇴한 프로스포츠 선수, 코치, 각종 보조 업무를 도와주던 매니저와 함께 팀을 꾸려 종합 에이전시를 운영하고 있다.

미국 스포츠 에이전트 산업의 성장

스포츠 에이전트라는 직업이 대중화된 이유는 여러 가지가 있지만, 가장 중요한 계기를 크게 다음과 같은 5가지를 들 수 있다. 첫째, 미국 대학스포츠연맹NCAA에 등록된 스포츠 선수가 이미 20년 전에 10

만 명을 돌파해 스포츠 선수라는 상품이 지속적으로 시장에 공급되는 것이 가능해졌다는 점이다. 이들이 모두 프로스포츠 리그로 진출하지는 못하지만 프로 선수가 될 잠재력을 갖고 미국 대학 스포츠리그에서 활동하는 아마추어 선수의 숫자가 꾸준히 증가하고 있다(대부분의 아마추어 선수는 프로스포츠 리그로 진출하기 어렵다는 사실을 어느 정도 인지하고 있다). 선수의 안정적인 공급이야말로 에이전트 시장의 핵심 성장 동력이다. 최근의 경향을 보면 이미 실력이 우수한 선수는 국적과 종목에 상관없이 프로스포츠 선수가 되기 위해 NCAA에 등록해 꿈을 향해 달려가고 있다. 미국 대학 스포츠리그는 프로스포츠 시장의 인큐베이터 역할을 톡톡히 하고 있다. 다양한 국적의 우수한 선수들은 대학 스포츠리그(특히 풋볼과 농구)를 단지 프로로 데뷔하기 전에 몸값을 높일 수 있는 사전 무대 정도로 생각한다고 해도 과언이 아니다.

둘째, 지금까지 북미 4대 메이저 스포츠 리그라고 불리는 NFL, MLB, NBA, NHL은 오랫동안 스포츠 에이전트 산업에 성장 동력 역할을 해왔다. 최근에는 틈새시장으로만 여겨졌던 MLS(프로축구 리그), NASCAR(자동차 경주), PGA, LPGA, X-Games 등이 괄목할 만한 성장을 하면서 에이전트의 수요는 더욱 증가했으며 에이전트 시장은 다양화되었다.

셋째, 천문학적인 중계권료의 인상, 후원사 수입의 대폭적인 상승, 참신한 아이디어로 무장한 스포츠용품·의류 개발, 스마트 경기장 건설(특히 고급 좌석) 붐을 통한 입장료 수입 증대 등을 등에 업고 발전한 여러 프로스포츠 리그에서 선수 연봉도 자연스럽게 인상되었다. 일부 선수의 몸값이 많게는 수천만 달러에 이르게 되자 그들을 통해 수익을 낼 수 있다고 인식한 사람들이 에이전트 산업에 진출하기 시작했다. 특히, 1990년대 초반부터 프로 리그 최저 임금의 상승, 신인 선수 드래프트 제도, FA 활성화로 인해 천문학적 선수 연봉이 실현되자 변호사 자격을 가진 우수한 에이전트의 대대적인 시장 진입이 시작된 것이다.

넷째, 1956년 MLB 선수협회의 창설을 계기로 MLB 선수의 계약 협상에 에이전트를 이용할 수 있는 권리를 보장했다. 1975년부터 자유 계약(일명 FA) 선수 제도가 도입되면서 에이전트의 입지가 넓어지기 시작했다. 또한 프로스포츠 리그 선수협회 (NLFPA, MLBPA, NBPA, NHLPA 등)가 본격적으로 조직되면서 전체 구단주로 구성된 리그 이사회와 노동 교섭이 가능해졌을 뿐만 아니라, 이로 인해 선수의 권익 또한 제도적으로 보호받을 수 있게 되었다. 특히 메이저 리그는, 에이전트의 도움으로 그동안 선수들이 받지 못했던 다양한 보너스 (사이닝, 리포팅스, 로스터 보너스, 연금 보험 등)와 같은 혜택에 대해 정당한 요구를 할 수 있게 되었다. 따라서 에이전트를 고용한 프로 선수들의 만족도와 그들에 대한 기대치가 동시에 올라갔다.

마지막으로, 선수들이 스스로 미래 자산에 대한 위험성을 인지하기 시작하고 재무 계획에 대한 도움을 필요로 하게 되면서 변호사가 아닌 재무·회계·투자 자격증을 가진 직업군이 프로스포츠산업으로 진출하게 되었다. 또한 선수 연봉에 과도하게 부과된 세금 문제라든가 은퇴 후 재무 계획에 대한 조언이 필요한 선수들은 변호사 자격증뿐만 아니라 회계사나 세무사 자격증을 동시에 지닌 에이전트를 선호하게 됨으로써 에이전트 산업은 꾸준히 성장하게 되었다.

에이전트는 어떤 서비스를 제공하는가?

스포츠 에이전트는 고객에게 어떤 서비스를 제공할까? 에이전트 끼리 경쟁이 점점 치열해지면서 나름대로 차별화된 서비스를 제공하기 위해 다양한 아이디어를 고안하고 있다. 하지만 기본적으로 에이전트는 다음과 같은 서비스를 제공한다.

첫째, 에이전트의 가장 중요하고 중심적인 역할로 구단과의 연봉 협상(금액과 계약 기간) 계약을 대리한다. 단순히 협상만 대신해 주는 것이 아니라 선수의 시장 가치를 최대화하기 위해 협상 테이블에 가기 전에 고객 선수의 과거 성적을 분석한다. 이를 통해 그 선수의 연봉을 리그 전체 수요와 해당 구단의 구체적인 요구, 팀 연봉 상한액과 같은 니즈에 맞춰 다양한 방식으로 설계해 해당 구단과 협상을 진행하는 것이다. 이 과정에서 에이전트들은 (물론 리그마다 차이가 있지만) 구단에서 선수 연봉으로 지불할 수 있는 금액이 한정되어 있는 경우, 다시 말해서 리그에서 샐러리 캡(팀 연봉 상한액)이라는 방패를 펴 놓을 경우, 에이전트는 구단이 지불할 수 있는 총연봉이 얼마인지 미리 파악해 선수들이 최대의 시장가치를 받을 수 있도록 여러 가지 전략을 준비한다.

둘째, 실력이 우수한 정상급 선수는 구단에 대한 협상력이 상대적

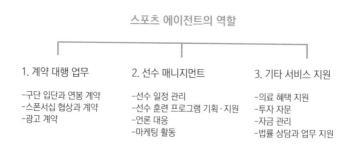

스포츠 에이전트의 역할

1. 계약 대행 업무	2. 선수 매니지먼트	3. 기타 서비스 지원
-구단 입단과 연봉 계약 -스폰서십 협상과 계약 -광고 계약	-선수 일정 관리 -선수 훈련 프로그램 기획·지원 -언론 대응 -마케팅 활동	-의료 혜택 지원 -투자 자문 -자금 관리 -법률 상담과 업무 지원

으로 크기 때문에 연봉 외에 다음과 같은 다양한 혜택을 요구하는 경우도 있다. 예를 들면, 볼티모어 오리올스에서 활약했던 칼 립켄 선수는 은퇴 후에 오리올스 구단에서 연 200만 달러의 연봉을 받고 4년간 일할 수 있도록 보증하는 조항을 계약서에 포함시켰다. MLB에서 3,000안타를 달성하고 10년 연속 200안타를 기록한 화려한 커리어를 보유하고 있는 스즈키 이치로 선수는 선수 시절 당시에 개인 트레이너, 통역, 1년에 2회 해외여행을 할 수 있는 1등석 비행기 왕복 티켓, 그리고 3~10월까지 교통비와 월세로 매달 약 2만 5,000달러를 받을 수 있는 조항을 넣은 것으로 유명하다. 미네소타 트윈스로 진출했던 박병호 선수 역시 통역비로 연간 5만 달러, 이사 비용으로 5,000달러, 한국행 비행기 1등석 티켓(연 2회)을 계약서에 포함시켰다. 시애틀 슈퍼소닉스에서 활약했던 거스 윌리엄스 선수는 연간 70만 달러의 연봉 외에도 17만 2,000달러짜리 롤스로이스 자동차를 받았다. 샌프란시스코 자이언츠에서 활약하면서 한 시즌 73개의 홈런 신기록을

갖고 있는 배리 본즈 선수 역시 구단과의 계약에 매우 독특한 조항을 넣었다. 그것은 바로 그의 아버지인 바비를 구단 코치로 고용해줄 것과 이후 재계약할 때는 자기 아들이 배트 보이로 활약할 수 있도록 한다는 내용이었다.

실력이 무척 뛰어나 구단에 선수의 영향력이 막강할 경우, 앞에서 말한 것보다 더한 요구를 할 수 있다. 예를 들어 오클랜드 애슬레틱스에서 활약했던 레지 잭슨 선수는 연간 팬 180만 명 초과분에 대해 1인당 30센트의 수익금을 받을 수 있다는 내용을 계약에 포함시켰다. 불세출의 아르헨티나 천재 축구 선수인 디에고 마라도나는 S.S.C 나폴리에서 활약할 당시 연봉 외에 구단 유니폼 등 상품 매출액의 25퍼센트와, 매년 나폴리에서 그의 고향인 부에노스아이레스에 다녀올 왕복 티켓(각 2장) 총 24장을 요구했다. 또 하나 선수들이 요구하는 재미있는 계약은 '엄마 조항Mama clause(학업을 중단하고 프로 선수가 된 자녀를 바라보는 어머니를 행복하게 해주기 위한 배려 사항)'이라고 불리는 고등교육에 대한 것이다. 이것은 대학에 진학하기 전 프로구단에 입단한 선수가, 비시즌에 대학 공부를 할 수 있도록 구단에서 등록금을 지불하도록 하는 조항이다. 단, 이러한 혜택에 대해서는 에이전트는 수수료를 받을 길이 없어서 매우 회의적인 태도를 견지하는 것이 일반적이다.

셋째, 부당한 스포츠 관련 법규나 규제로부터 선수를 보호한다. 스포츠 경기와 관련된 일 외에도 개인 신상에서 민법이나 형법상 문제가 되는 행위, 가령 금지 약물 사용, 음주 운전, 폭력 등으로 사회적 물의를 일으킨 선수는 변호사 자격을 가진 에이전트의 역할이 더 커질 수밖에 없다. 과거 총기 소유부터 각종 폭력에 휘말려 15년형을 선고받았다가 4개월 만에 경기장으로 복귀한 NBA의 앨런 아이버슨이나, 불법 투견 도박을 해 연방법을 위반하고 2년 형을 받은 NFL 쿼터백 마이클 빅의 에이전트는 구단과의 연봉 계약 외에도 변호사로서 또 다른 역할을 해야 했다. 그러나 이들의 역할은 다른 영향력이 큰 변호사를 소개해주는 것에 그친 것으로 알려졌다.

넷째, 에이전트는 프로스포츠 선수 대부분이 거액 연봉을 받을 수 있는 기간이 오래가지 않음을 잘 알고 있기 때문에 은퇴 전에 선수의 건전한 재무 상태를 유지하기 위해 조언을 하기도 한다. 1989년 이후 35년간 NFL 스포츠 에이전트로 꾸준히 명성을 날리고 있는 캐머런 포스터는, "프로리그 선수 중 선수로서의 삶이 끝났을 때 자기가 받았던 총연봉의 25퍼센트만 은행 계좌에 남아 있어도 성공한 경우"라면서 실제로 이런 일은 매우 드물다고 말했다. 2009년 미국 스포츠 주간지 『스포츠 일러스트레이티드Sports Illustrated』에 의하면 NFL 선수의 78퍼센트가 은퇴 후 2년 안에 파산신고를 하고, NBA 선수의 60퍼센트는 은퇴 후 5년 안에 파산신고를 했다고 한다. 불행 중 다행으로 『포천Fortune』에서는 2년 후에 파산신고를 하는 NFL 은퇴 선수는 1.9퍼센트밖에 안 되지만, 12년이 넘어가면 다시 15.7퍼센트로 증가하는 경향을 보인다고 했다. NBA 출신 선수 중 대부분은 수십억 달러의 수입을 올렸지만 은퇴 후 얼마 지나지 않아 파산한 것으로 알려졌다. 2014년 데니스 로드맨과 함께 북한을 방문해 큰 화제가 된 빈 베이커는, NBA 선수 시절 연봉으로만 1억 달러를 넘게 벌었고, 케니 앤더슨 역시 NBA 선수 시절에 연봉으로만 6,500만 달러를 벌었지만, 파산을 면치 못해 결국 금전적 이익을 위해 북한을 방문했던 것으로 알려졌다.

스포츠 에이전트는 위에서 언급한 4가지 역할 외에도 선수의 은퇴를 대비해 제2의 인생을 잘 준비할 수 있도록 도와주는 일을 한다. 부상을 당했을 때 의료 전문가를 소개하거나 일부 약물 혹은 알코올 중독으로 부작용을 겪고 있는 선수를 위해 전문 치료 기관을 연결해주어 선수들이 은퇴 후에도 정상적인 생활을 할 수 있도록 도와주고 있다.

2

스포츠 에이전트 시장의 현실

3

세계 톱 스포츠 에이전트는 과연 얼마나 벌까?

        스포츠 에이전트 수가 본격적으로 늘어난 것은 프로 선수의 연봉이 기하급수적으로 증가하기 시작한 시기와 일치하는 1990년대 초반부터다. 1992년에 에이전트 자격증을 가지고 NFL에서 활약한 스포츠 에이전트의 수는 423명이었으나, 2002년에는 1,100명으로 증가했다. 하지만 이 수는 점차 줄어 2012년 714명, 2013년 800여 명에 이르는 것으로 알려졌다. 2024년 현재 850여 명의 에이전트가 활동하고 있는 것으로 알려졌다(NFLPA.com). NFL은 3년 동안 NFL 선수 중 한 명의 고객도 유치하지 못한 에이전트는 자격을 박탈해 에이전트 시장의 포화를 방지하고자 했지만, 그 대가로 20/80이라는 새로운 법칙이 생겨났다. 그것은 바로 20퍼센트의 대형 에이전트(에이전시)가 선수의 80퍼센트 이상을 고객으로 삼는다는 뜻이다. 이로 인해 새로 진출하는 새내기 에이전트의 입지가 좁아졌을

뿐만 아니라 결국 일종의 '그들만의 리그' 형태로 시장이 변형되었다. 정상급 선수를 대리하는 특급 에이전트는 톱 에이전시와 3~5년 동안 계약을 맺고는 계약이 끝날 때마다 에이전시를 옮겨 다니면서 몸값을 높이는 새로운 트렌드도 생겨났다.

2022년 미국의 경제 전문지 『포브스Forbes』는 전 세계에서 가장 영향력 있는 에이전시 20개를 선정했다. 전 세계에서 그들이 차지하는 총 계약 금액은 약 700억 달러, 커미션으로 가져가는 금액은 약 44억 5,000만 달러에 이르는 것으로 알려졌다. 2022년 기준으로 세계에서 가장 규모가 크고 토트넘 홋스퍼 손흥민 선수의 에이전시이기도 한 크리에이티브 아티스츠 에이전시CAA는 선수 계약 규모만 약 180억 달러에 이르고, 수수료로 받은 금액만 약 9억 7,000만 달러에 이르는 것으로 나타났다. 박찬호 선수와 이정후 선수의 에이전트로 우리에게 잘 알려진 스콧 보라스가 세운 보라스 코퍼레이션은 약 40억 달러의 커미션 수입을 올렸고 스콧 보라스 개인은 1억 9,000만 달러의 커미션 수입을 올리며 2022년 『포브스』가 선정한 "세계에서 가장 영향력 있는 스포츠 에이전트"가 되기도 했다. 이 외에 세계적인 축구 스타인 크리스티아누 호날두의 계약을 체결했던 포르투갈의 축구 에이전시인 제스티푸트를 이끌고 있는 조르즈 멘데스는 축구 분야에서 손꼽히는 에이전트로 명성을 날리고 있다.

• 『포브스』 선정 가장 가치 있는 톱 20 스포츠 에이전시 현황(2022년 기준)

순위	에이전시	주요 종목	소속 선수(명)	수수료 (100만 달러)
1	CAA	풋볼, 농구, 하키, 야구, 축구	2,900	971
2	WASSERMAN	야구, 농구, 축구, 풋볼, 하키, 골프, 올림픽, 럭비 등	2,000	733
3	WME SPORTS	풋볼, 농구, 테니스, 골프	790	588
4	EXCEL SPORTS MANAGEMENT	농구, 야구, 골프	450	499
5	OCTAGON	하키, 농구, 야구, 풋볼, 골프, 테니스, 축구, 올림픽	710	212
6	BORAS CORPORATION	야구	110	206
7	ROC NATION SPORTS	풋볼, 야구, 농구, 축구, 럭비, 크리켓	190	203
8	ATHLETES FIRST	풋볼	240	181
9	KLUTCH SPORTS GROUP	농구, 풋볼	120	100
10	YOU FIRST	축구, 농구	860	93
11	GSE WORLDWIDE	골프, 풋볼, 테니스	250	87
12	NEWPORT SPORTS MANAGEMENT	하키	180	76
13	REP 1 SPORTS	풋볼, 야구, 농구	430	60
14	PRIORITY SPORTS & ENTERTAINMENT	농구, 풋볼	340	55
15	INDEPENDENT SPORTS & ENTERTAINMENT	야구, 풋볼, 농구	150	54
16	MVP SPORTS GROUP	야구	40	53
17	ACES	야구	90	43
18	ROSENHAUS SPORTS REPRESENTATION	풋볼, 야구, 농구	200	41
19	STEINBERG SPORTS & ENTERTAINMENT	풋볼, 야구, 농구 등	170	38
20	HAMBRIC SPORTS	골프	40	38

해외 톱 에이전트의 특징

스포츠에이전트는 선수나 감독 등의 고객을 대리/관리하는 '개인'을 일컫는 반면 스포츠에이전시는 '에이전트들의 집합체'를 의미한다. 2022년 포브스가 선정한 '톱 15위 에이전트' 리스트를 보면 저마다 특징이 있다. 다양한 종목의 선수들을 고객으로 유치하고 관리하는 에이전시가 있는 반면에 한 가지 종목에만 주력하는 에이전시가 존재한다는 것이다. 보라스 코퍼레이션이나 애슬리츠 퍼스트처럼 한 에이전시가 하나의 종목을 전담하는 경우가 있는 반면 몇몇 다른 에이전시는 여러 종목을 담당하는 것을 볼 수 있다. 크리에이티브 아티스츠 에이전시CAA는 풋볼, 하키, 농구, 야구, 축구 등의 종목을, 옥타곤 에이전시는 야구, 하키, 농구, 풋볼, 테니스, 축구, 올림픽 종목 등을 다루고 있다. CAA의 경우 약 2,900명의 선수를 관리하고 있으며 와셔맨 에이전시는 약 2,000명의 선수를 관리해 스포츠 에이전시 중 가장 많은 선수를 대리하는 것으로 나타났다.

선정된 톱 15위의 에이전트가 담당하는 종목을 살펴보면, 야구가 6명으로 가장 많고 농구 4명, 풋볼 4명, 하키 1명으로 그 뒤를 이었다. 일부 에이전시의 경우는 스포츠 외에도 가수, 배우, 아나운서, 방송인 등 엔터테인먼트 산업에 진출에 사업 영역을 확장하는 모습을 보이기도 한다.

에이전트의 파워 랭킹 방법에는 두 가지가 있다. 첫 번째, 에이전트의 고객으로 있는 선수의 총 연봉으로 순위를 정할 수 있다. 두 번

· 『포브스』 선정 톱 15 에이전트 현황(2022년 수수료 수입 기준)

순위	이름	종목	수수료 (100만 달러)	계약금 (100만 달러)	소속 에이전시
1	Scott Boras	야구	191	3,800	Boras Corporation
2	Jeff Schwartz	농구	86	2,200	Excel Sports Management
3	Joel Wolfe	야구	58	1,200	Wasserman
4	Rich Paul	농구	55	1,400	Klutch Sports Group
5	Dan Lozano	야구	52	1,000	MVP Sports Group
6	Casey Close	야구	48	960	Excel Sports Management
7	Joel Segal	풋볼	42	1,400	WME Sports
8	Todd France	풋볼	42	1,400	Athletes First
9	Bill Duffy	농구	41	1,000	WME Sports
10	Sam&Seth Levinson	야구	40	810	ACES
11	David Mulugheta	풋볼	38	1,300	Athletes First
12	Mark Bartelstein	농구	37	930	Priority Sports & Entertainment
13	Drew Rosenhaus	풋볼	37	1,200	Rosenhaus Sports Representation
14	Craig Oster	하키	35	860	Newport Sports Management
15	Nick Chanock	야구	35	690	Wasserman

째, 선수의 연봉 계약 시 에이전트가 받는 수수료로 순위를 정할 수 있다. NFL 선수인 경우, NFL 선수협회에서는 에이전트가 가져갈 수 있는 수수료를 최대 3퍼센트로 제한했다. NFL뿐만 아니라 NBA와 NHL선수협은 에이전트가 받는 수수료를 최대 4퍼센트를 넘지 못하게 제한하고 있다. FIFA는 축구 선수 수입의 최대 10퍼센트 내에서 에이전트가 수수료를 챙길 수 있게 했다. 한편 선수와 에이전트의 또 하나의 수입원인 후원 업체 광고 수입의 경우, 일반적으로 총 후원사 수입의 약 15~20퍼센트를 에이전트가 가져가는 것으로 알려져 있

다.『포브스』는 선수들이 광고 후원과 용품 후원사로부터 받는 수입은 전체 수 입의 약 1~2퍼센트를 차지하고, 에이전트는 연봉을 포함한 선수의 총 수입에서 약 20~25퍼센트를 가져간다고 밝혔다.

한 가지 재미있는 사실은 세계 15위 안에 드는 슈퍼 에이전시 중 6개 업체가 특정 종목의 스포츠만 전문으로 하는 에이전시였으며 9개의 업체는 2종목 이상의 선수를 관리하는 업체로 나타났다. 이는 다양한 종목의 선수들을 관리하는 업체뿐만 아니라 한 종목의 선수만 집중적으로 관리하며 회사를 운영하는 업체 역시 비즈니스 성과를 내고 있는 것을 의미한다.

현재 국내 프로스포츠는 에이전트가 활성화되지 않은 만큼 관련 규정이 없는 종목도 있지만, 해당 스포츠 관련 국제기관의 규정을 준수하는 종목도 있다. KBO의 경우 공인 에이전트의 경우 최대 5퍼센트라는 수수료 상한선 규정을 두고 있다. 축구의 경우 FIFA 규정에 따라 에이전트가 받는 수수료를 엄격하게 제한하고 있으며 3~10퍼센트 수준으로 알려져 있다. FIFA의 새로운 규정에 따르면 계약 체결을 위해 중개 업무를 한 경우 계약 전체 기간에 해당하는 선수의 기본 급여에서 3퍼센트를 받게 되며 선수를 매각하려는 구단을 대리해 협상 테이블에 나설 경우 에이전트가 갖는 수수료를 이적료의 최대 10퍼센트로 제한하고 있다. 또한 선수 연봉이 20만 달러를 초과하는 경우에는 최대 3퍼센트, 20만 달러를 넘지 않는 경우는 5퍼센트를 상한선으로 규정하고 있다. 남자 배구는 에이전트 수수료를 기존의 10퍼센트에서 15퍼센트로 상향 조정(선수 지명 구단 부담)해 우수 선수를 확보하기 위한 동기를 부여하고 있다(여자 배구는 선수 연봉의 10퍼센트). 최종 초청 선수 중 가장 많은 선수를 확보한 에이전트에게는 별도의 인센티브(연맹 부담)를 최대 5퍼센트 지급한다. 한국프로농구의 경우, 선수를 영입하는 구단에서 선수 연봉의 10퍼센트를 에이전트에게 수수료로 지불하도록 되어있다. 하지만 이는 한국프로농구만의 중개 수수료 규정으로 볼 수 있으며 해외 타 리그의 경우 선수와 구단으로부터 에이전트는 선수 이적 또는 연봉 계약에 대한 수수료를 받는다.

선수의 연봉이 급격히 올라가는 이유는 단순히 선수의 시장가치가 올랐기 때문일 수도 있지만, 리그의 전체 수입이 늘었기 때문이기도 하다. 북미 리그의 경우 단체 교섭권을 가진 선수협의회와 구단주로 이루어진 리그운영위원회가 선수와 구단을 대표해 '단체 협약 Collective Bargaining Agreement'을 맺는다. 이 과정에서 리그 전체의 수익을 구단주들과 선수들이 공정하게 분배할 수 있는 시스템이 만들어졌는데, 이것이 선수들의 연봉을 상승시킨 주요 요인 중 하나다.

2016년 NBA에서 자유 계약 선수의 이적이 큰 화제가 되었다. 그 이유는 이들의 연봉 계약이 상상을 초월할 만큼 엄청난 규모였기 때문이다. 실제로 2014년 NBA는 ESPN 및 터너 방송과 9년 동안 240억 달러(약 26조 4,000억 원)에 이르는 초대형 방송 계약을 체결했다. NBA 선수협과 리그운영위원회에서 규정한 대로 리그 전체 수입에서 각 구단에 공평하게 지급되고, 구단 전체 수입의 일정 비율은 선수 연봉으로 지출되어야 하는데 이런 규정으로 혜택을 보는 것은 정상급 선수들뿐이다. 특히 2016년 자유 계약 선수에게 지불한 연봉의 총액만 350억 달러(약 3조 8,500억 원)에 이르고, 구단마다 선수 연봉으로 지급해야 할 총예산이 2015년 7,000만 달러(770억 원)에서 2016년 9,400만 달러(약 1,000억 원)로 많아져 선수들에게 2,400만 달러(264억 원)의 추가 수입이 생겨났다. 결국 '미디어 대박'의 직접적인 혜택을 본 것은 정상급 FA 선수들이었다고 할 수 있다.

2018년 뉴저지주를 시작으로 2023년 말까지 미국 29개 주와 워싱턴 D.C.에서 스포츠 도박이 합법화되었다. 이를 통해 미국프로 리그는 스포츠에 베팅 되는 총금액의 1~2퍼센트를 수수료 명목으로 받게 되었다. 이에 따라 구단마다 추가적으로 발생되는 수백억 원에서 수천억 원의 수입은 다시 구단주뿐만 아니라 선수들의 주머니로 돌아간다.

4

프로스포츠
선수 시장

한국프로스포츠 구단이나 협회에 몸 담고 있는 여러 관계자를 만나 인터뷰한 결과, 많은 이가 에이전트 제도의 도입을 적극적으로 반기지 않는다는 인상을 받았다. 스포츠 에이전트 제도의 도입을 반대하는 이유에는 여러 가지가 있었다. 그중에서도 가장 많이 나온 답변은 "아직은 시기상조다," "시장이 작다", "에이전트의 도움이 필요한 선수는 극히 일부이다" 등이었다. 이러한 의견은 선수와 많이 접하면서 보고 느낀 그들의 경험에서 나왔을 것이라고 추측한다. 하지만 안타깝게도 그 이유를 묻자 명쾌한 근거를 제시하지는 못했다. 이런 의문을 해소하고자 '한국의 프로스포츠산업에서 에이전트 시장이 과연 존재할까?' 그렇다면 '그 규모는 얼마나 될까?', '에이전트를 원하는 선수가 극히 일부일까?'에 대해 조사했다. 에이전트가 주요 시장으로 인식하는 프로야구^{KBO}, 프로축구(K리그 1, K리그 2),

프로배구^{KOVO}, 프로농구^{KBL, WKBL} 등 프로스포츠 리그와 더불어 KPGA, KLPGA 등 개인 종목 프로스포츠 시장을 살펴보았다.

스포츠 에이전트 제도가 도입되면 핵심 시장으로 인식되는 분야는 '4대 프로스포츠'라고 불리는 프로야구, 프로축구, 프로농구, 프로배구 시장이다. 2022년 기준으로 4대 프로스포츠 리그에 구단은 총 65개, 소속 선수는 총 3,449명이 등록되어 있다. 프로 야구 신인과 외국인 선수를 제외한 527명의 연봉 총액은 665억 6,800만 원이며, 평균 연봉은 1억 5,259만 원이다. 억대 연봉자는 158명이며, SSG 랜더스 소속 추신수는 27억 원(2022년 기준)으로 현재 프로스포츠 최고 연봉자로 기록되어 있다. 프로축구 1부 리그인 K리그 1이 2억 9,545만 2,000원으로 4대 프로스포츠 리그 중 최고 평균 연봉을 기록하고 있으며, 2부 리그인 K리그 2는 1억 854만 6,000원을 기록하고 있다. K리그 전체에서 국내 선수 최고 연봉은 울산 HD FC 김영권(15억 3,000만 원)이다. 프로축구 신인 선수 중 B급 계약자 전원과 클럽 유스 우선 지명권자의 일부는 최저 연봉을 받고 있는데 2,700만 원 선이다.

프로배구는 2023~2024년 통계 자료를 보면 남자부는 7개 구단에 외국인 선수를 제외, 총 111명의 선수가 등록을 완료했다. 구단별로 OK금융 그룹 15명, 현대캐피탈 17명, 삼성화재 14명, 대한항공 17명, 한국전력 17명, KB손해보험 14명, 우리카드 17명으로 집계되었다. 남자부 구단별 평균 등록 선수 인원은 16명이며, 연봉 총액은 255억 250만 원으로, 평균 연봉은 2억 2,975만 원이다. 최고 연봉자는 대한항공 한선수(10억 8,000만 원)이다. 여자부에는 7개 구단 총

106명의 선수가 등록을 완료했고, 구단별로 현대건설 16명, IBK기업은행 14명, 흥국생명 17명, GS칼텍스 14명, 한국도로공사 15명, 페퍼저축은행 15명, KGC인삼공사 15명으로 집계되었다. 여자부 구단별 평균 등록 선수 인원은 17명이며, 연봉 총액은 161억 1,200만 원으로, 평균 연봉은 1억 5,200만 원이고, 최고 연봉자는 흥국생명 소속 김연경과 페퍼저축은행 소속 박정아(4억 7,500만 원+옵션 3억 원)이다.

프로농구 KBL 소속 외국인 선수 제외 143명의 연봉 총액은 2023~2024년 기준 226억 1,824만 원이고, 1인당 평균 1억 5,816만 5,000원이다.(인센티브 제외) SK 김선형이 8억 원의 보수 계약을 맺으며 최고 연봉자가 되었다. 2022~2023시즌 기준 여자 프로농구 WKBL 소속 86명의 연봉 총액은 78억 8,400만 원이고, 평균 연봉은 약 9,167만 원이다.

4대 리그 전체에서 최고 연봉은 최저 연봉의 대략 100배에 달한다. 에이전트는 FA 등 고액 연봉자 선수에게 부가가치를 줄 수 있는 전략을 찾아야 하며 동시에 신인 선수와 후보 선수 등 저연봉자 선수에게는 연봉 인상의 근거가 될 수 있는 지표를 논리적으로 제시해 몸값을 제대로 받을 수 있도록 할 방안을 함께 고민해야 한다. 점점 커가는 1, 2군 선수의 연봉 격차는 선수뿐만 아니라 구단이나 협회 관계자도 심각하게 걱정하고 있지만, 아직까지 이렇다 할 뾰족한 대책은 나오지 않고 있다.

	프로야구 (KBO 리그)	프로축구(K리그)		프로배구(V리그)		프로농구		총계
		K리그1	K리그2	남자부	여자부	KBL	WKBL	
구단 수(개)	10	12	12	7	7	10	6	64
총 등록 내국인 선수(명)	527	414	390	111	106	154	86	1,788
총 연봉 (천 원)	80,414,000	95,858,208	35,067,533	25,502,500	12,998,400	22,618,240	7,884,000	280,342,881
평균 연봉 (천 원)	152,590	231,588	89,859	229,750	122,490	158,165	91,670	153,730 (평균)
최고 연봉 (천 원)	2,700,000	1,530,000		1,080,000	475,000	800,000	300,000	2,700,000 (최대값)
최저 연봉 (천 원)	27,000	27,000		43,000	32,000	40,000	30,000	27,000 (최소값)

※평균·최고·최저 연봉은 프로야구 신인 선수, 프로배구 수련 선수를 제외함.
※프로야구는 2022시즌 기준.
※프로축구는 2023시즌 기준.
※프로배구는 2023~2024 시즌 기준.
※프로농구는 2023~2024 시즌 기준.

외국인 선수의 연봉은?

프로스포츠 리그는 경기의 질적 향상과 경기의 묘미를 높이기 위해 외국인 선수를 영입해 구단을 운영하고 있다. 종목에 따라서는 외국인 선수에게 지나치게 의존해 팬들의 비난을 받기도 하지만 프로야구에서는 일부 외국인 선수가 꾸준하게 출중한 활약을 펼쳐 오히려 팬들의 열렬한 지지와 환호를 받기도 한다.

외국인 선수의 영입 방법이나 규정은 리그에 따라 천차만별이기 때문에 자세히 살펴볼 필요가 있다. 외국인 선수의 영입은 구단에서 자유롭게 스카우트를 파견해 영입하는 방법과, 프로농구 KBL, WKBL나 프로배구 V리그(남자부, 여자부)와 같이 외국인 선수 영입을 위해 별도의 드래프트를 시행하는 방법이 있다. KBL의 2023~2024시즌은 외국인 선수 드래프트 제도에 따라 구단별로 외국인 선수 2명을 보유할 수 있었다. 다만, 출전은 1명만 가능하며, 외국인 선수의 샐러리 캡은 세후 80만 달러(약 10억 3천만 원), 1인 최대 급여 상한은 60만 달러(약 7억 7천만 원)를 지급할 수 있다. 아시아 쿼터 제도로 영입하는 외국인 선수는 이와 별도로 16만 달러 이하로 계약할 수 있다. 또한 특별 귀화를 하여 한국 국적을 취득한 선수의 경우 샐러리 캡은 50만 달러(약 6억 4천만 원), 1인 상한은 45만 달러(약 5억 8천만 원)다.

V리그 남자부 외국인 선수 트라이아웃은 국적과 나이, 포지션에 제한이 없으며, 2023~24시즌 V-리그 남자부 외국인 선수 연봉은 1년 차 40만 달러(약 5억 2,960만 원), 2년 차 이상은 55만 달러(7억 2,820만 원)이다. 이외 승리 수당은 경기당 1천 달러, 정규리그 1위 혹은 챔피언 결정전 우승을 할 경우 최대 3만 달러의 보너스를 받을 수 있다. 구단은 선수에게 숙소도 제공하고, 선수 본인과 가족에게 왕복 항공권도 지급한다. 여자부는 1년 차 25만 달러(3억 3,100만 원), 2년 차 이상 30만 달러(3억 9,720만 원)이다. 승리 수당은 300~1천 달러 수준이고, 챔피언 결정전 우승과 준우승 시 각각 1만 달러, 5천 달러의 보너스가 주어진다. 숙소 및 왕복 항공권 제공은 남자부와 같다. 아시아 쿼터의 경우 남자부와 여자부 아시아 쿼터 외국인 선수의 연봉은 나란

히 10만 달러(1억 3,235만 원)다. 승리 수당은 경기당 500달러 이하이며 챔피언 결정전 우승과 준우승 시 각각 1만 달러, 5천 달러의 보너스를 받을 수 있다. 숙소 및 왕복 항공권은 동일하게 지급된다.

• 각 프로 리그별 외국인 선수 연봉 총액 현황

리그 명칭		외국인 선수(명)	연봉총액(천 원)
KBO		30	31,780,000
K리그1		55	42,708,915
K리그2		41	11,788,275
KBL		19	10,940,214
WKBL		-	-
프로배구 (V리그)	남자부	7	4,884,000
	여자부	7	2,508,000

※ 기본 연봉 이외 옵션 제외.

신인 선수의 연봉은?

프로 진출을 앞둔 A대학 배구 선수는 "에이전트가 딱히 필요 없을 것 같다. 고연봉을 받는 일부 선수나, 해외 리그에 진출하는 선수를 제외하면 에이전트에 관심이 없을 것 같다"고 말했다. 또 "신인 선수가 에이전트를 고용한 채 입단한다는 것 자체가 눈치 보이는 일이다. 구단에게 밉보일지 모른다"고 덧붙이면서 큰 기대를 보이지 않았다. 또 다른 대학 선수가 "에이전트 제도가 활성화된다면, 프로 구단에 입단한 후 5년 차 이상 고참이 되었을 때 고용할 수 있을 것 같다"고 비슷하게 대답한 것으로 볼 때, 에이전트 고용에 대한 아마추어 선수들의 심리적 부담은 무척 커 보였다. 현재 프로농구 선수로 활약하고 있는 한 선수는 "서장훈, 허재, 이상민 같은 농구계 스타급 대선배들이 에이전트를 고용한 전례가 있었다면 후배 선수들에게 좋은 영향을 끼쳤을 것 같다. 하지만 그런 사례가 없기 때문에 언제, 어떤 선수가 어떻게 에이전트와 만나서 계약을 맺기 시작하는지 선수들도 상당히 궁금해 한다"고 말했다. 선배 선수들이 솔선수범해 구단의 눈치를 보지 않고 에이전트를 고용하는 분위기가 정착되지 않는 한 에이전트 제도가 활성화되기는 쉽지 않아 보인다.

에이전트 제도의 활성화를 위해서 필요한 것은 바로 신인 선수의 일정한 연봉 수준이다. 프로스포츠는 리그별로 신인 계약금과 연봉에 차이를 보인다. 프로야구는 신인 계약금에 제한이 없는 대신 연봉은 지명 순위에 상관없이 3,000만 원인데, 이 정도 연봉으로는 에이전트의 관심을 끄는 데 한계가 있어 보인다.

프로축구는 K리그 규정 제2장 14조에 따라 2016년부터 자유 선발과 우선 지명을 통해 신인 선수를 선발한다. K리그 규정 제2장 14조 2항에 따르면 연봉은 기본급과 수당(출전급, 승 리급, 출전 승리급)을 모두 합한 것으로, 개정된 리그 규정 제2장 3조 6항에 따라 수당의 경우 클럽이 K리그 1 소속인 경우 1회당 100만 원 그리고 K리그 2 소속인 경우 1회당 50만 원의 한도가 적용되고 있는 상황이다. 연봉은 매년 또는 다년 계약이 가능하며 프로 선수로서 최초로 계약할 경우에는 계약 기간 동안 매년 기본급을 조정할 수 있다. 조정 금액은 전년도 기본급의 100퍼센트를 초과할 수 없으며(단, 프로 최초 계약을 3년 이상으로 한 선수는 2년이 경과한 후에 종전의 계약 내용을 변경하여 재계약할 수 있다), 최저 기본급은 2,000만 원으로 한다. 계약 기간과 기본급은 K리그 규정 제2장 14조 3항에 따른다. K리그 규정 제2장 14조 4항에 따르면, 우선 지명 선수를 제외하고 2016년부터 입단하는 모든 신인 선수는 자유 선발로 뽑는다. 같은 조 5항에 따라 우선 지명을 시행할 수 있는데, 각 클럽은 규정 '유소년 클럽 시스템 운영 세칙' 제5조에 의거해 산하 클럽 시스템 출신 선수에 한해 우선 지명할 수 있으며, 우선 지명 선수 명단을 매년 9월 말까지 연맹에 서면 통보해야 한다. 계약금은 최고 1억 5,000만 원, 계약 기간 5년, 기본급 3,600만 원으로 하며, 계약금 미지급 선수는 계약 기간 3~5년, 기본급 2,000만 ~3,600만 원으로 한다.

· **K리그 자유 선발과 우선 지명의 계약 기간, 기본급 현황**

구분	등급	인원(명)	계약 기간(년)	최고 계약금 (천 원)	기본급 연액 (천 원)
자유 선발	S	3	5	150,000	36,000
	일반	무제한	1~5	미지급	27,000~36,000
우선 지명	무제한		5	150,000	36,000
			1~5	미지급	27,000~36,000

프로배구는 드래프트를 통해 신인 선수를 선발하며, 지명 순위와 라운드별로 계약금이 다르다. 우선 남자 배구 1라운드 지명자는 최소 1억 원에서 최대 1억 5,000만 원을, 2라운드 지명자는 순위별로 최소 3,500만 원에서 최대 8,500만 원을 받으며, 3라운드 지명자는 1,500만 원을 받는다. 4라운드 이하 지명자와 수련 선수는 계약금이 없다. 선수 연봉은 수련 선수(2,400만 원)를 제외하면 3,000만 원으로 동일하다. 여자 배구는 계약금 없이 지명 순위에 따라 연봉을 차등으로 책정하며, 1라운드 최소 4,000만 원, 최대 5,000만 원, 2라운드 최소 3,000만 원, 최대 4,000만 원, 3라운드 최소 2,400만 원, 최대

• 프로배구 신인 선수 제도 현황

구분	입단 금액		연봉(천 원)	학교지원금
	순위	금액(천 원)		
1R	1~2	160,000	40,000	2022년 드래프트 고정금 7.7억 원 (구단별 1.1억 원) 2023년~2027년 고정금 7억 원 (구단별 1억 원)
	3~4	140,000		
	5~6	130,000		
	7	120,000		
2R	1~2	85,000	40,000	
	3~4	65,000		
	5~6	45,000		
	7	35,000		
3R	전체	15,000	40,000	
4R 이하	전체	없음	40,000	
수련 선수	전체	없음	24,000	

• 프로배구 여자부 신인 선수 제도 현황(2022년 기준)

구분	선수 연봉	학교지원금	비고
1R	4천5백만 원 ~ 5천5백만 원	계약 연봉의 200%	
2R	3천5백만 원 ~ 4천500만 원	계약 연봉의 150%	
3R	3천만 원 ~ 3천5백만 원	계약 연봉의 150%	구단 여자배구 발전기금 모금액 : 3천만 원
4R 이하	3천만 원	없음	
수련 선수	2천4백만 원	없음	

3,000만 원, 4라운드 이하 지명자는 2,400만 원을 받는다. 수련 선수는 1,500만 원을 받는다.

　프로농구는 드래프트를 통해 신인 선수를 선발하며, 계약금은 없고 지명 순위별로 차등화된 연봉을 지급한다. 1라운드 1~4위는 최소 7,000만 원에서 최대 1억 원, 5~10위는 최소 5,000만 원에서 최대 7,000만 원을, 2라운드 지명자는 최소 4,000만 원에서 최대 5,000만 원을 받는다. 3라운드 이후 지명자는 3,000만 원이다. 여자 프로농구도 드래프트 제도를 채택한다. 계약금은 없으며, 신인에게 줄 수 있는 연봉은 다른 리그와 달리 최대 3억 원으로 비교적 높다.

종목		지명 형식	계약금	연봉
프로 농구	KBL	드래프트	X	1라운드 1~4위 : 8,000만~1억 2,000만 원 1라운드 5~10위 : 5,000~8,000만 원 2라운드 : 4,000~5,000만 원 3라운드 이하 : 4,000만 원
	WKBL		X	최대 3억 원

일반 근로자와 프로야구 선수의 보수 비교

일반 근로자와 비교할 때 프로 선수들은 비교적 짧은 기간 동안 선수로 활동하기 때문에 그동안 수입을 최대한 올려야 한다. 또한 프로 선수는 일반 근로자에 비해 수입이 높은 편이지만 부상이나 실력 저하 등의 이유로 활동 기간이 제한되어 있기 때문에 이 기간 동안 금전적으로 최대한의 수익을 창출해야 한다. 특수한 근로 형태를 보이는 프로 선수의 기대 수입을 일반 근로자와 비교해 보자.

일반인과 프로스포츠 선수의 보수 차이를 분석하기 위해 각 기관에 현황이 명시되어 있는 2015~2023년 정규직 근로자의 근속 기간과 보수, 프로야구(KBO 리그) 선수의 근속 기간과 보수를 비교해 보았다. 단, 근속 기간의 비교는 상대적으로 정년이 특정된 근로자는 55~64세를 기준으로, 정년이 특정되지 않은 프로야구 선수는 전 선수를 기준으로 비교했다. 프로야구 선수의 근속 연수를 55~64세 일반 근로자와 비교하면 다음과 같다. 일반 근로자는 2015년에 평균 근속 기간이 14.8년 정도였지만, 2016년에는 15년을 넘어섰으며 이후 점진적으로 증가하여 2023년에는 15.8년에 이르는 것으로 나타났다. 같은 기간 프로야구 선수의 평균 근속 기간은 제자리걸음을 보이면서 2015년 기준 8.3년과 비슷하게 2023년에도 8.5년 수준을 보이는 것으로 나타났다.

• **55~64세 근로자와 프로야구 선수의 평균 근속 기간 비교**

분야/년도	근속 기간(년, 소수점 첫째 자리 반올림)								
	2015	2016	2017	2018	2019	2020	2021	2022	2023
정규직 근로자	14.8	15.0	15.4	15.5	15.6	15.7	15.2	15.5	15.8
프로 야구 선수	8.3	8.4	7.4	8.5	8.5	8.4	8.1	8.2	8.5

정규직 근로자의 평균 연봉은 지금까지 꾸준히 증가하는 추세를 보였다. 2017년 4,800만 원을 조금 넘었던 것이 2023년에는 5,000만 원을 웃돌았다. 프로야구 선수의 평균 연봉 역시 2015년도에 1억 1,200만 원 정도였다가 2018년에는 1억 5천만 원을 돌파한 이후 다소 하향세를 보이는 것으로 나타났다. 특히 주목할 만한 것은 상위권에 속한 선수들의 연봉 증가 폭이 매우 크다는 것이다. KIA 타이거즈의 최형우 선수가 2017시즌을 앞두고 최초로 100억 원의 FA 계약을 체결한 이후, SSG 랜더스 김광현 선수는 MLB에서의 활약에 힘입어 2022시즌 전 4년 총액 151억 원의 연봉 계약 중 첫해에 81억 원이란 기록적인 연봉을 수령하였다. 2024 시즌을 앞두고는 류현진 선수가

친정팀 한화 이글스로 복귀하면서 8년 170억 원의 계약을 맺으며 스타 선수들의 연봉은 천정부지로 상승하고 있는 상황이다.

- 정규직 근로자와 프로야구 선수의 연도별 평균 연봉 비교

분야 /연도	연봉(천 원)								
	2015	2016	2017	2018	2019	2020	2021	2022	2023
정규직 근로자	38,318	39,396	40,356	42,120	43,344	44,316	45,540	48,936	50,893
프로야구 국내 선수	112,470	126,560	138,830	150,260	150,650	144,480	122,730	152,590	146,480

구단별 상위 27~28명(1군 엔트리 수에 따라 결정하며 상위 연봉자로 통칭)과 하위 연봉자의 최근 평균 연봉을 비교해보았을 때, 상위 연봉자 평균은 이제 2억 5천만 원을 웃돌고 있지만 하위 연봉자 평균은

- 프로야구 총 등록 선수, 상위 연봉자, 하위 연봉자 선수 평균 연봉

평균 연봉 연도	연봉(천 원)		
	2019	2022	2023
총 등록 선수 평균	150,650	152,590	146,480
상위 연봉자 평균	251,420	256,110	235,930
하위 연봉자 평균	32,879	35,244	35,655
최저 연봉	27,000	30,000	30,000

※상위 연봉자는 구단과 1군 엔트리 선수에 따라 결정되며, 2019년은 10개 구단 상위 27명(총 270명), 2022-23년은 10개 구단 상위 28명(총 280명)으로 산정.
※하위 연봉자는 총 등록 선수의 연봉 규모 총액에서 상위 연봉자의 연봉 규모 총액을 감산해 이를 하위 연봉자 수로 나누 어 계산.

3,000만 원대를 유지하고 있다. 비주전 선수나 유망주, 2군 선수로 구성된 하위 연봉 선수가 전체 선수의 50퍼센트가 넘는데, 이들은 최저 연봉인 3,000만 원을 조금 넘는 3,500만 원 정도의 보수를 받고 있다.

연도별 평균 연봉과 평균 근속 기간을 곱해, 이를 기준으로 선수로서 활동 기간 동안의 기대 소득을 추정했다. 아울러 현금 가치의 변동을 없애기 위해, 해당 연도와 2020년 기준 소비자 물가지수의 비율을 곱해 정규직 근로자와 프로야구 국내 선수의 평균 연봉, 프로야구 소비자물가지수를 반영해 계산했다.

• **연도별 소비자물가지수**

도시별	품목별	2016	2017	2018	2019	2020	2021	2022	2023
전 도시	총 지수	95.8	97.6	99.1	99.5	100	102.5	107.7	111.6

다음 표와 같이 프로야구 선수가 선수로 활동하는 동안 벌어들일 수 있는 평균 기대소득은 2016년부터 2023년까지 10억 원에서 12억 5,000만 원으로 약 33퍼센트 증가했다. 일반 정규직 근로자들의 2023년 기대 소득 평균은 약 8억 400만 원으로 프로야구 선수에 비해 상당히 적어 보인다. 하지만 최저 연봉을 받는 선수들은 선수 활동 기간 동안 벌어들일 수 있는 기대 소득이 2023년 기준 약 2억 5,500만 원밖에 되지 않는다.

2023년 대한야구협회에 등록된 선수는 초등학생 2,080명, 중학생 4,383명, 고등학생 3,878명, 대학생 1,481명으로 총 11,822명이다. 이 중에서 프로로 데뷔하는 것은 매년 110명 정도에 그친다. 유소년 시절부터 프로야구 선수가 되기 위해 '야구 인생'을 살아왔어도 프로로 데뷔하는 것은 쉽지 않다. 극히 일부만 프로 선수가 된다. 대부분 20대 초반인 신인 선수들은 꿈꾸던 프로 선수가 되어 사회생활을 시작한다는 사실만으로도 커다란 자부심을 느낀다. 하지만 힘든 훈련과 온갖 부상을 견디며 지내온 십수 년의 결과는 수억 원을 받는 특A급 선수를 제외하고는 참담하다. 최저 연봉 3,000만 원을 받고 한 시즌을 지내야 한다. 일부 FA 계약을 제외하고는 대부분 1년 단위로 계약을 갱신하는 일종의 '계약직 선수' 생활을 해야 한다.

물론 1982년 600만 원으로 시작해 2021년에는 최저 연봉이 3,000만 원으로 상승했으며, 연봉 외에 계약금 명목으로 거액을 받기도 한다. 하지만 선수로 활동할 수 있는 기간이 한정된 탓에 대부분은 불안정한 고용을 감수해야만 한다. 최저 연봉을 높이기 위해서는 우

· **연도별 정규직 근로자와 프로야구 선수의 근속 기간에 따른 기대소득 추정액**

분야 /연도	연봉(천 원)							
	2016	2017	2018	2019	2020	2021	2022	2023
정규직 근로자	590,940 (566,121)	621,482 (606,567)	652,860 (646,984)	676,166 (672,786)	695,761 (695,761)	692,208 (692,208)	760,182 (760,182)	804,109 (804,109)
프로야구 국내 선수	1,063,062 (1,018,413)	1,027,342 (1,002,686)	1,277,210 (1,265,715)	1,280,525 (1,274,122)	1,213,632 (1,213,632)	994,113 (1,018,966)	1,251,238 (1,347,583)	1,245,080 (1,389,509)
프로야구 최저 연봉	226,800 (217,274)	199,800 (195,005)	229,500 (227,435)	229,500 (228,353)	226,800 (226,800)	243,000 (249,075)	246,000 (264,942)	255,000 (284,580)

※ 각 분야의 상단에는 소비자물가지수를 반영해, 이를 토대로 추정한 액수를 명시함.
※ 각 분야의 하단에는 소비자물가지수를 반영하지 않은 원 추정액을 명시함.

선 선수협의회의 적극적인 지원이 필요하지만, 동시에 합리적인 연봉을 받을 수 있도록 에이전트를 통한 계약을 장려할 필요가 있다.

에이전트 제도의 도입이 활성화되려면 신인 선수와 저연봉 선수에게도 혜택을 주는 다양한 대책이 필요한데, 일본프로야구를 좋은 선례로 삼을 수 있다. 일본프로야구에서는 연봉 수준을 6단계로 나누어 연봉에 따라 수수료 상한선을 정해 놓았다. 대략 연봉의 1~2퍼센트 정도에서 결정된다. 연봉이 600만 엔 미만이면 에이전트의 기본 보수액이 10만 엔(약 0.5퍼센트 전후)을 넘지 않도록 해서 신인 선수와 저연봉 선수를 배려하고 있다.

5

프로스포츠 시장의
외형적 성장과 발전

 그동안 에이전트 제도의 도입에 불편한 입장을 고수하던 일부 프로구단이 제시한 근거와 명분은 바로 '시기상조'라는 것이었다. 극히 일부 구단을 제외하고는 모기업에서 자립적인 운영이 불가능하기 때문에 행여나 구단에 재정적 부담이 될 수 있는 에이전트 제도에 대한 논의를 꺼려왔다.

 스포츠산업의 외형적인 성장과 발전에 지나치게 의존한 나머지 승부 조작 등 대형 사건이 터질 때마다 이에 대응하는 제도적 노력이나 절차상의 노련미는 선진국에 비해 많이 미흡했다. 2011년 프로축구에 이어 2012년에는 프로야구와 프로배구 선수들이, 2015년에는 프로농구 선수와 감독이 승부 조작에 가담했다는 뉴스가 들려왔다. 스포츠산업에서 품격을 찾아보기 어렵게 된 것이다. 특히 프로야구 사상 최초로 관중이 800만 명을 돌파한 2016년 또다시 불거진 프로야구 선수의 승부 조작 사건은 너무도 실망스럽다. 한국 스포츠산업이 다음 단계로 도약하기 위해서는 초심으로 돌아가 스포츠산업의 외형적 성장뿐만 아니라 시스템적 내실을 기하기 위해 진지하게 고민할 때가 되지 않았나 생각한다.

프로스포츠 시장은 리그에 따라 발전 속도는 다르지만 프로야구를 중심으로 꾸준히 성장하고 있다. 프로야구는 국가 대표팀이 2008년 베이징 올림픽에서 금메달을 따고, 이듬해인 2009년 WBC에서 준우승을 하면서 팬들의 관심이 급격히 높아졌다. 이와 비슷한 시기인 2011년부터 프로야구 연간 관중 수는 600만 명을 넘어섰고, 2016년에는 프로야구 출범 이후 처음으로 '누적 관중 800만 명 돌파'라는 진기록을 세웠다. 2024년 시즌에는 상반기에만 600만 명의 관중이 입장해 역대 첫 1,000만 관중을 노리고 있다.

이러한 인기를 바탕으로 프로야구의 타이틀 스폰서 가격은 해를 거듭할수록 상승하고 있다. 유진투자증권(2015년)과 같이 구단을 보유하지 않은 업체가 타이틀 스폰서로 선정된 것은 2009년 이후의 일이다. 이 시점부터 타이틀 스폰서 가격은 상승하기 시작했다. 특히 2011년(롯데카드), 2012~2014년(한국야쿠르트)가 타이틀 스폰서로 선정된 이후 스폰서 금액은 약 65억 원까지 상승했다. 프로야구의 인기가 높아지면서, 광고 효과 또한 증가했기 때문이다. 2014년 한국야쿠르트는 65억 원 수준의 스폰서 비용을 지출했으며, 광고 효과는 1,160억 원을 얻은 것으로 판단되는 등 타이틀 스폰서 역시 단순히 비용을 지원한다는 의미가 아니라 경제성을 확보하기 시작했다.

• 프로야구 타이틀 스폰서 규모와 광고 효과

연도	타이틀 스폰서	스폰서 금액(억 원)	광고 효과(억 원)
2010	CJ인터넷	40	831
2011	롯데카드	50	788
2012	팔도	65	1,140
2013	한국야쿠르트	65	1,178
2014	한국야쿠르트	65	1,160
2015	타이어뱅크	67	~
2016	타이어뱅크	67	~
2017	타이어뱅크	67	~
2018	신한은행 MYCAR	80	2,231
2019	신한은행 MYCAR	80	2,400
2020	신한은행 SOL	80	~
2021	신한은행 SOL	80	2,600
2022	신한은행 SOL	80	2,600(연평균)
2023	신한은행 SOL	80	2,600(연평균)
2024	신한은행 SOL	80	~
2025	신한은행 SOL	80	~

특히, 2015년부터 3년간 연간 67억 원 수준의 KBO 리그 타이틀 스폰서 계약을 한 타이어뱅크는 연 매출이 3,000억 원으로, 프로야구 타이틀 스폰서 기업 중 최초의 중견기업이다. 타이틀 스폰서 기업의 규모와 종류가 구단의 모기업이나 대기업에서 중견기업으로 다양하게 확장되고 있다는 것으로 미루어 볼 때 그만큼 더 많은 기업이 스폰서십에 관심을 보였음을 의미한다.

한편 2018년 신한은행은 3년간 240억 원의 스폰서 금액을 지불하며 KBO 리그의 공식 타이틀 스폰서십 계약을 체결하였다. 이는 국내 프로스포츠 리그 스폰서십 역사상 최고 금액 기록이었다. 이어 신한은행은 타이틀 스폰서 계약 기간을 2025년까지 연장하며 2018년부터 총 8년간 KBO 리그 타이틀 스폰서 계약을 체결해 역대 최장기 타이틀 스폰서로 기록됐다. 신한은행은 타이틀 스폰서로서 프로야구 예·적금 상품, 구단 전용 신용카드, 국내 최초 야구·금융 결합 플랫폼 '쏠야구' 등을 통해 야구팬들과 소통해왔다. 신한은행과 KBO는 2024~2025시즌엔 온·오프라인 통합 마케팅을 강화해 보다 현장감 있는 프로그램과 특화사업을 통해 야구장을 방문하는 고객들과 온라인으로 시청하는 고객들 모두에게 실질적인 혜택을 제공할 계획이다. 또한, 저변 확대를 위한 사회공헌 사업도 신설해 야구 꿈나무들을 지원하기로 했다. 이처럼 스폰서십 계약은 잠재력이 크기 때문에 앞으로 더 많은 기업이 다양한 방식의 스폰서십 계약을 체결할 것으로 보인다.

• **4대 프로스포츠 타이틀 스폰서 금액 추정치**

프로스포츠	타이틀 스폰서	스폰서 금액(억 원)	타이틀 스폰서 기간
프로야구	신한은행	80	2018~2025년
프로축구	하나은행	35(2018년 기준)	2017~현재
프로농구	KGC인삼공사	30	2023~2024년
프로배구	도드람	100	2017~2024년

프로야구가 다양한 기업의 눈길을 끌고 있다면, 프로축구와 프로배구는 장기적인 타이틀 스폰서십을 구축해 안정감을 주는 형태이다. 프로축구는 현대오일뱅크가 2011년부터 6년 연속 K리그 타이틀 스폰서 자리를 지키며 한국 축구 발전에 힘썼다. 현대오일뱅크는 최상위 리그인 K리그 클래식뿐만 아니라, 2부 리그 격인 K리그 챌린지, R리그(2군 리그)까지 타이틀 스폰서로 후원하며 하나은행과 마찬가지로 국내 축구 발전에 크게 기여했다는 평가를 받았다. 한편 하나은행의 경우 국가 대표팀 공식 후원, K리그 올스타전, FA컵, 국가 대표 친선 경기 등 1998년부터 대한축구협회와 관련된 각종 공식 스폰서십 관계를 다져온 기업이다. 이에 추가적으로 2017년부터 현재까지 K리그의 공식 타이틀 스폰서십 계약을 체결하며 축구 후원 기업의 이미지를 확고히 이어 나가고 있다.

프로배구는, 도드람이 2017~2018 시즌부터 현재까지 공식 타이틀 스폰서를 유지하고 있다. 도드람은 2021년 타이틀 스폰서십 계약을 연장하며 2024시즌까지 총 100억 원 규모로 계약을 체결하였다. 이는 과거의 타이틀 스폰서 계약 금액에서 10억 원 증가한 금액이었다. 도드람은 브랜드 인지도 제고 및 프로배구 흥행을 위한 다양한 프로모션을 전개함과 동시에 유소년 육성 사업 지원, 국가 대표팀 지원을 비롯한 사회공헌활동 등 대한민국 배구 산업의 발전을 위해 적극적으로 나서고 있다. 프로농구는 1997~1998시즌 타이틀 스폰서였던 휠라코리아와 2011~2012시즌부터 3시즌 동안 타이틀 스폰서였던 KB국민카드를 제외하고 각 구단의 모기업이 타이틀 스폰서로 이름을 올리고 있다. 전 시즌 우승을 차지한 모기업이 다음 시즌 타이틀 스폰서로 후원을 하고 있는 구조이다. 구단의 모기업이 타이틀 스폰서로 활약함으로써 리그 운영에 안정감을 주는 것은 긍정적이지만 구단과 직접적인 이해관계가 없는 기업들의 자발적인 스폰서십 참여 부족은 안타까운 부분이다.

프로스포츠 구단의 수익 구조 다변화

국내 프로스포츠 리그가 정부의 주도로 대기업의 지원을 받아 이루어졌다는 사실은 이미 잘 알려져 있으며 다른 나라와 비교해도 특이하다. 유럽 축구 리그나 북미의 프로스포츠 리그는 억만장자 개인이나 몇몇 개인 투자자가 구단을 소유하고 있다. 일부 구단은 시민구단의 형태로 운영되기도 한다. 하지만 국내 프로구단은 대기업에서 시작되었고, '기업 홍보' 명분으로 운영되었다. 모기업의 규모가 커지고 글로벌 기업의 위상을 지니게 되면서 구단을 운영하는 것은 '기업 홍보'에서 한 걸음 나아가 '기업의 사회적 공헌'이라는 새로운 캐치프레이즈로 변화하고 있다. 이런 이유로 극히 일부를 제외하고는 대부분의 구단이 적자 운영에서 벗어나지 못할 뿐더러 구단 운영에서 생긴 적자를 '기업의 홍보비용'으로 보전하고 있다.

그런데 최근 몇 년 동안 프로야구 구단의 운영 형태에 매우 바람직한 현상이 벌어지고 있다. 키움 히어로즈가 사용하는 한국 최초의 돔 구장뿐만 아니라 삼성 라이온즈 파크와 기아 챔피언스 필드 등 새로운 구장이 속속 건설되면서 일명 '허니문 효과'로 수입 증대를 기대할 수 있게 되었다. '허니문 효과'란 신규 경기장이 완공되면 이를 구경하기 위해 경기장을 찾는 관중이 갑자기 증가하는 현상을 말한다. 또한 SSG 랜더스는 청라 지역에 돔구장 건설 계획을 완료하고 곧 공사를 시작할 예정이며 두산 베어스와 LG 트윈스가 홈구장으로 사용하는 잠실 경기장 역시 최첨단 구장 건설이 예정되어 있다. 한화 이글스는 국내 구단 중 처음으로 2015년 시즌부터 '인증authentication' 상품 판매를 시작했는데, 이는 선수들이 직접 사용한 야구용품 일부를 온라인으로 판매하는 것이다. 프로야구 시청률이 오르면서 중계권 가격도 덩달아 치솟았다. 공중파 방송은 물론 OTT를 중심으로 한 뉴미디어 시장도 성장세에 있다.

프로스포츠 구단의 감사보고서를 통한 매출 내역을 보면 2021년 프로야구단 10개 팀의 총매출은 4,555억 원으로 집계됐다. 이 중 흑자를 낸 곳은 SSG 랜더스(17억 원)와 삼성 라이온즈(1억 7,000만 원), 한화 이글스(1억 원), 키움 히어로즈(51억 원), 롯데 자이언츠(22억 원) 등이다. 반면 LG 트윈스는 가장 많은 78억 원의 적자를 기록했고, NC 다이노스(38억 원), 두산 베어스(34억 원), KT 위즈(20억 원), KIA 타이거즈(2억 6,000만 원) 등도 적자를 기록했다. 감사보고서를 통해 드러난 사실은 매출 대부분이 특수관계인 매출, 즉 모기업과 연관돼 있다. 모기업이 없는 키움을 제외하고 22억 원으로 가장 많은 흑자를 낸 롯데는 매출 413억 원 중 241억 원(58.4퍼센트)이 모기업과 연관된 특수관계의 매출이었으며, KT는 매출 474억 원 중 284억 원(60.0퍼센트),

삼성은 제일기획과 삼성전자 관련 매출이 397억 원(62.1퍼센트)에 이른다.

비록 모든 구단이 흑자를 내는 것은 아니지만 광고와 기업 스폰서십 같은 수입원 증가를 통해 구단의 자생력은 앞으로 더욱 높아질 것으로 기대된다. 프로야구단이 자생력을 갖출 수 있다는 것은 두산과 키움 히어로즈 사례에서도 드러난다. 모기업 관련 매출이 가장 적은 두산은 코로나 19의 영향으로 2021년 34억 원의 적자를 냈지만, 2019년엔 32억 6,300여만 원, 2018년 19억여 원, 2017년엔 72억여 원 등 지속해서 흑자를 냈다. 두산 관계자는 "연고지가 서울이라는 장점도 있지만, 꾸준히 성적을 내면서 광고 효과가 크다는 평가를 받는다"면서 "지방 구단보다 스폰서 계약금 차이가 좀 많이 난다"고 귀띔하기도 했다. 키움도 2019년부터 5년간 키움증권과 연간 100억 원 규모의 구단 타이틀 스폰서십 계약을 맺고 있다. 마케팅업계 관계자는 키움이 100억 원이면 LG나 롯데, KIA, 두산 등의 메인 스폰서 계약은 200억 원까지도 갈 수 있다며 충분히 재정적 자생이 가능한 조건이라 말하기도 했다.

프로야구 내 광고 구좌는 주로 홈구장 광고(전광판, 외야 펜스, 내야 펜스, 롤링 보드, 파울라인, 덕아웃, 지정석과 통천 광고 등)와 유니폼 광고(헬멧과 모자 측면, 유니폼 상의 가슴 부위, 상의 백넘버 상단, 상의 양어깨, 하의 측면, 배팅 장갑, 포수 프로텍터 등)로 구분되며 모기업 광고주가 주를 이루고 있다. 각 구단의 유니폼, 헬멧 등 주요 구좌는 모기업 중심으로 운영되고 있으며, 계약의 지원 대가이기는 하지만 선수들의 유니폼과 헬멧 등은 모기업의 주력 상품과 서비스 또는 전략 사업을 홍보하는 공간으로 활용된다. 키움 히어로즈를 제외한 대부분의 구단은 모기업과 계열사 간 광고 거래를 통해 발생한 수입이 큰 비중을 차지한다.

하지만 대부분의 구단이 모기업에서 광고비용 형태로 지원을 받으며 아직까지 프로 구단 운영에 재정적 구조의 한계를 갖고 있다. 이는 '자생적 운영'이라는 목표와는 거리가 먼 것이 사실이다. 그러나 동시에 구단이 광고비용으로 지출하는 것 이상의 광고 효과를 누리고 있다는 사실을 간과해서는 안 된다. 만약 구단이 모기업에서 광고비용 형태로 지원을 받지 않는다면 어떤 상황이 벌어질까? 과연 많은 사람이 걱정하고 우려하는 부정적인 일만 발생할까? 물론 10개 구단 모두가 모기업의 지원 없이 타이틀 스폰서십, 중계권 수입이나 광고 판매를 통해 키움 히어로즈처럼 독립적인 운영을 할 수 있다고는 생각하지 않는다. 하지만 키움 히어로즈와 같이, 모기업의 지원 없이 스폰서십과 광고 수입으로 운영할 수 있는 구단이 증가할 잠재력이 있음을 부인할 수 없다. 키움 히어로즈는 KBO에 속해 있는 10개 구단 중 유일하게 모기업을 두지 않고 단일 사업체 [공식 명칭은 ㈜서울히어로즈]로 운영되는 구단이다. 서울히어로즈는 코로나19에 무방비했던 2020년을 제외하고 2014년 이후로 꾸준히 흑자를 내고 있다. 2022년 기준 히어로즈의 매출액은 약 377억 원, 영업이익은 약 39억 원, 순이익은 약 40억 원을 기록하고 있다. 히어로즈는 2019시즌부터 키움증권과 네이밍 스폰서로 계약하며 네이밍 권리를 보유하고 있는 메인 파트너 키움증권 외에도 파트너십을 5개의 등급으로 나눠 총 41개의 기업과 파트너십을 맺고 있다.

서울히어로즈는 경제적으로 의존할 수 있는 모기업이 없어 구단에서 직접 돈을 벌어야만 하는 상황이기에 창의적 수익 창출이 절실하다. 서울히어로즈는 신규 수익 창출을 올리기 위해 다양한 시도를 하고 있다. 강정호, 박병호, 김하성, 이정후를 MLB로 보내는 과정에서 상당한 수준의 이적료 수입을 올렸다. 이정후 선수가 2024년 샌프란시스코와 6년 총액 1억 1,300만 달러에 계약하면서 서울 히어로즈도 245억 원의 거액을 챙길 수 있게 되었다.

또 한편으로 히어로즈는 [모기업이 없기 때문에] 파트너십 계약을 할 때 많은 수의 기업들과 비교적 저렴한 가격에 파트너십을 체결하는 일명 다다익선 방식을 선호한다. 다시 말해서 기업과 적은 금액으로 파트너십을 유치한다. 히어로즈의 마케팅팀 전 직원이 마케팅 업무와 더불어 영업을 하는 세일즈맨이 되어야 하는 이유다. 파트너십의 효과를 고려하면, 작은 규모로 다수의 파트너와 관계를 맺는 것보다 안정적이고 규모가 큰 소수의 파트너와 관계를 맺는 것이 더 효과적일 수도 있다. 또한 모기업을 대기업으로 두고 있는 다른 KBO 구단들에 비해 약점이 있는 것도 사실이다. 그러나 스스로 돈을 버는 구단이 드문 한국프로스포츠 세계에서 이는 새로운 수익모델이며 앞으로의 구단의 경제적 자립 가능성을 보여준다. 히어로즈 사례와 더불어 두산 베어스의 경우 기존에 두산중공업이나 두산인프라코어가 차지하던 두산 유니폼 광고 구좌에 2016년부터 한국타이어, 룩옵티컬 등 타사 광고가 들어섰고, NC 다이노스는 포수 프로텍터와 덕아웃 등에 참프레 광고가 삽입되었다. 이처럼 한국프로야구 경기장 광고 시장에 보이지 않는 장벽이 서서히 무너지고 있다는 사실은 시사하는 바가 크다.

• **2021년 기준 프로야구단 매출액 및 영업이익**

구단명	매출액(억 원)	영업 이익(억 원)
SSG 랜더스	329	17
두산 베어스	465	-34
삼성 라이언즈	639	1.7
NC 다이노스	494	-38
한화 이글스	377	1
KT 위즈	475	-20
기아 타이거즈	351	-2.6
롯데 자이언츠	413	22
LG 트윈스	588	-78
키움 히어로즈	351	51

프로축구 선수의 광고 시장

축구 선수는 다른 프로 선수에 비해 해외 시장 접근이 쉬워 국내 광고뿐만 아니라 아시아권, 혹은 글로벌 소비자를 대상으로 하는 광고에 섭외되기도 한다. 대표적인 예로는 2002 한일 월드컵 4강 신화를 이끈 뒤 영국 맨체스터 유나이티드, 퀸즈 파크 레인저스, 네덜란드

PSV 아인트호벤 등 유럽 명문구단에서 활약한 박지성이 있다. 박지성은 퀸즈 파크 레인저스 구단의 항공 스폰서인 에어아시아의 홍보대사로 임명되기도 했으며 에어아시아 앰배서더로서 다양한 마케팅 활동에 참여하고 TV 광고에도 출연하기도 했다. 그는 많은 광고에 출연하는 대표적인 축구 선수로 손꼽히고 있다. 현재 영국 토트넘 홋스퍼 FC에서 뛰고 있는 손흥민도 과거 소속팀이었던 독일 레버쿠젠의 유니폼 스폰서인 LG전자와 인연을 맺고 LG 울트라 HDTV, LG 휘센 등 LG전자의 공식 광고모델이 되기도 했다. 현재는 삼성 갤럭시 휴대폰 광고 계약으로 활동하고 있는데 경쟁 업체인 아이폰을 가져와 사진을 찍자고 요청한 팬의 부탁을 정중히 거절한 에피소드가 언론에 나오기도 했다.

이 밖에 안정환 등 은퇴 선수도 선수 시절의 명성을 업고 현재 해설위원으로, 또는 연예 프로그램 등에서 다방면으로 활동하고 있다. 그는 은퇴 후 롯데푸드, KB캐피탈, 오뚜기, 동국제약 등 다양한 분야의 광고에 출연하며 활발히 활동 중이다.

프로 선수의 광고 시장이 커지면 커질수록 에이전트의 활동 반경 역시 넓어진다. 에이전트가 고객으로 관리하는 선수의 연봉 대리 계약을 통해 얻을 수 있는 수수료는 규정상 정해져 있다. 앞에서도 말했듯이 NFL은 최대 3퍼센트를 넘지 못하고, NBA는 4퍼센트 상한선을 두고 있다. MLB는 선수의 규정에 수수료 지급 한도를 명확히 표시하지는 않고 있지만 일반적으로 5퍼센트가 넘지 않는 범위에서 수수료를 지급하고 있다. 이정후 선수의 에이전트인 스콧 보라스는 보통 4

퍼센트 안팎에서 수수료를 결정하는 것으로 알려져 있다.

유럽 축구는 북미 스포츠 리그보다 높은 10퍼센트를 상한선으로 정해 놓았다. 따라서 에이전트는 수입을 올리기 위해 광고 섭외에 치중하는데, 그 이유는 바로 광고 계약에 따른 수수료가 대개 15~20퍼센트기 때문이다. 또한 광고 섭외 수에는 제한이 없기 때문에 많으면 많을수록 에이전트의 수입이 늘어난다는 강력한 동기는 에이전트들을 끊임없이 움직이게 만든다.

• 주요 축구 선수 광고 현황

선수 이름	광고주	광고 기간
박지성	교보생명	2003
	우리금융그룹	2005, 2009
	하이트진로	2005~2006
	우리금융그룹	2005~2006
	LG전자	2005~2006
	SK텔레콤	2006, 2010
	나이키 코리아	2011, 2014
	AIA생명	2007
	금호타이어 주식회사	2007
	SK그룹	2008
	한국피앤지(유)	2009~2018
	농심	2009
	동아제약	2009
	코오롱인더스트리㈜ FnC부문	2009
	GS그룹	2010
	삼성그룹	2011

삼성그룹	2011
농협홍삼	2003
DHL	2005, 2009
낙농자조금관리위원회	2005~2006
지식경제부, 한국전력공사, 에너지관리공단	2005~2006
LG유플러스	2005~2006
주택도시보증공사, 국토교통부	2006, 2010
Tune Group	2011, 2014
중소기업진흥공단	2007
EA스포츠, 넥슨	2007
동국제약	2008
EA스포츠, 피망	2011
Adidas AG	2011~현재
EA스포츠, 넥슨	2013, 2018, 2020~현재
롯데칠성음료	2014~2015, 2023~현재
LG전자	2014~2015
하나금융그룹	2018~현재
LVMH	2018~현재
SK텔레콤	2018~2020
BBC	2018
유한양행	2019
한국피앤지(유)	2019~현재
빙그레	2019
㈜TS트릴리온	2019
시선게임즈코리아	2019
한국 코카-콜라	2019
농심	2019~현재
CJ제일제당	2019

손흥민

	KANGWON LAND	2019
	메르세데스-벤츠 코리아	2019
	볼보자동차코리아	2020~2021
	CARTIER 코리아	2020
	아마존 닷컴	2020
	한국관광공사	2021~현재
	RALPH LAUREN	2021
	펍지주식회사	2021
	㈜LOTTERIA	2021~현재
	AIA 그룹	2021~현재
	㈜공부선배	2021~현재
	㈜바디프랜드	2021~현재
	TIGER BEER	2021~현재
	쌤소나이트코리아㈜	2022~현재
	BURBERRY	2022~현재
	CALVIN KLEIN 코리아	2022~현재
	주식회사 앤하우스	2022~현재
	경남제약㈜	2022~현재
	㈜아이아이컴바인드	2022~현재
	ASUS	2022~현재
안정환	BGF리테일	2022~현재
	삼성	2023~현재
	펩시코	2023~현재
	한국 GM	1999
	레스토닉침대	1999
	소망화장품	2000~2002, 2003, 2006, 2007
	SKT	2002, 2018
	나이키 코리아	2007

클렘본	2015
현대차그룹	2015
토니모리	2016
롯데하이마트	2016
식품의약안전처	2016
롯데푸드	2016
KB캐피탈	2016
E1	2016
캐논 코리아	2016
삼일제약	2018
㈜캐플릭스	2018
오뚜기	2018
동국제약	2018~2022
미르의 전설2	2021

축구 선수가 은퇴 후에 코칭스태프, 해설위원으로 활동하게 되면 에이전트와의 인연은 계속된다. 설기현, 김남일, 송종국, 이영표 등은 감독 및 지상파 축구 해설위원으로 활동 무대를 옮겼지만 여전히 축구 전문 에이전시와 계약해 활동 중이다. 이 외에도 선수 시절 명성이 있었던 대부분의 프로축구 감독 및 코치들은 에이전트와 함께하며 축구 선수 이후의 삶을 설계해 나가고 있다.

이런 현상에 비추어볼 때 에이전트의 주력 시장은 현재 프로에서 활약하는 선수들이지만 코치나 감독, 스포츠 해설위원 등도 잠재 고객 시장으로 인지할 수 있다. 실제로 매년 수십억 원을 연봉으로 받고 있는 북미 스포츠구단의 감독 중 상당수는 에이전시에 소속되어 있고, 비시즌에 광고 출연, 방송 출연, 여름 캠프, 이벤트 행사 초대 등을 통해 엄청난 부가 수입을 올리고 있다.

미국 캘리포니아주와 워싱턴주에서 근무하는 공무원 중에서 가장 높은 연봉을 받는 사람은 바로 U.C. 버클리와 워싱턴 대학교 풋볼 감독이다. 그들의 연봉은 상상 이상이다. 앨라배마 대학교와 미시간대학교의 풋볼 감독 연봉은 700만 달러(77억 원) 이상이고, 400만 달러(44억 원)가 넘는 연봉을 받는 대학 풋볼 감독과 농구 감독이 수십 명에 이른다. 고연봉을 받는 감독이 이끄는 팀이 좋은 성적을 거둘 경우 이 감독들은 광고 시장에서 '블루칩' 대우를 받곤 하는데, 그 들의 본 업무가 아닌 광고 계약과 같은 업무 활동은 대부분 소속 에이전트 혹은 스포츠 변호사를 통해 진행되곤 한다.

6

올림픽 종목과
격투기 종목 시장

　　스포츠 에이전트는 프로스포츠 리그 시장뿐만 아니라 프로 리그가 없는 올림픽 스포츠 선수들도 잠재 고객으로 생각한다. 국제 대회에서 수상 경력이 출중한 선수뿐만 아니라 스타 선수로 성장할 잠재력이 뛰어난 선수를 조기에 발굴하고 육성해 각종 국제 대회에서 좋은 성적을 거둘 수 있도록 뒷받침하는 일도 에이전트의 역할이다.

　　해외에서는 올림픽 종목 선수들만 전문적으로 관리하는 에이전트와 에이전시가 이미 많다. 이러한 에이전트들의 꾸준한 관심과 전략적인 지원으로 지난 2016년 리우 올림픽에서 에이전시에 소속된 다수의 선수가 메달을 받았다. 스포츠산업에 좀 더 관심이 있는 사람이라면 프로스포츠 선수 말고 수영이나 체조 같은 올림픽 종목 선수들도 에이전트를 고용하고 있다는 사실을 알고 있을 것이다. 실제로

2016년 리우 올림픽에서도 에이전시 간에 보이지 않는 메달 경쟁이 치열했다. 올림픽 참가국의 메달 경쟁을 보는 재미도 있지만 에이전시 간의 메달 경쟁을 보는 것도 올림픽을 관람하는 또 하나의 재미라고 할 수 있다.

전 세계에서 올림픽 종목 선수를 가장 많이 보유한 에이전시인 옥타곤의 경우 수영의 전설 마이클 펠프스를 앞세워 리우 올림픽에서 금메달 16개 등 총 24개의 메달을 획득했다. 옥타곤에서 마이클 펠프스의 전담 에이전트인 피터 칼라일Peter Carlisle은 올림픽 종목 선수뿐만 아니라 X-Games 같은 익스트림 스포츠 선수의 에이전트로도 명성을 쌓고 있다. 와서맨 그룹은 옥타곤에 이어 두 번째로 많은 총 19개의 메달을 수확했으며, WME-IMG는 2개의 금메달과 1개의 은메달을 딴 앨리슨 펠릭스 선수를 비롯해 총 18개의 메달을 따게 해 에이전시 중 세 번째로 많은 메달을 수확한 것으로 나타났다. 네 번째는 폴 도일 매니지먼트Paul Doyle Management사로 티아나 비톨 레타 선수의 금메달 2개 등 총 15개의 메달을 획득했고, 시카고 스포츠 앤 엔터테인먼트 파트너스Chicago Sports & Entertainment Partners사는 총 8개의 메달을 획득했다. 미국을 대표하는 이 5개의 에이전시는 리우 올림픽에서 미국이 차지한 총 121개의 메달 중 약 70퍼센트인 총 84개의 메달을 따는 데 기여했다.

2018 평창 올림픽에서도 글로벌 에이전시 소속 선수들의 활약은 눈에 띄었다. IMG 소속 선수들은 2014 소치 동계올림픽에서 단 6개의 메달을 획득했지만 4년 뒤에 열린 2018 평창 올림픽에서 4개국의

대표선수로 활약한 선수들은 총 19개의 메달을 획득했다. IMG의 뒤를 이어 아메리칸 그룹 매니지먼트American Group Management 소속 선수들은 미국 여자 아이스하키 팀 금메달을 포함 총 5개의 메달을 획득했다. 에볼루션 매니지먼트 플러스 마케팅Evolution Management + Marketing은 고객 중 한 명인 프리 스타일 스키어 에일리 구Eileen Gu 선수를 통해 위상을 높이고 있다. 2022년 베이징 동계올림픽에서 [미국 출생] 중국 대표팀 선수로 출전한 그녀는 2개의 금메달과 한 개의 은메달, 총 3개의 메달을 획득했다. 스키 실력뿐만 아니라 국적 문제 등 그녀의 다양한 매력은 그녀의 잠재적 시장성을 넓혔다. 결론적으로 올림픽 종목 선수 역시 프로스포츠 선수와 마찬가지로 체계적인 훈련과 기타 부가 수입을 올리는 데 에이전시의 도움이 결정적인 역할을 했다는 사실은 그 누구도 부인할 수 없을 것이다.

올림픽 선수 시장

프로 리그가 출범되지 않은 올림픽 스포츠는 우리나라 프로스포츠만큼 광고 시장이 활성화되어 있지 않지만, 각 종목을 대표하는 선수는 광고 시장에서 큰 비중을 차지하고 있다. 그중에서도 유망주 시절부터 국제 대회에서 괄목할 만한 성적을 거두어 국내 광고 시장에 자주 모습을 비춘 선수로는 전 피겨스케이팅 선수였던 김연아, 수영의 박태환, 그리고 리듬체조의 손연재 선수를 꼽을 수 있다.

박태환 선수는 2007년부터 현재까지 많은 CF 계약을 체결했다.

특히 2008 베이징 올림픽을 겨냥해 2007년부터 SK텔레콤과 후원 계약을 체결해 TV 광고 시장에서 자주 볼 수 있었다. 『한국일보』는 2010년 박태환 선수의 광고 시장 가치는 약 8억 원에 달했다고 보도했다. 특히 롯데칠성 생수 브랜드 '블루마린' 광고는 6개월 단발 광고였는데도 광고 효과는 5억 원 안팎으로 형성되었다고 추정한다. 김연아 선수 역시 2007년부터 기업과 후원 계약을 맺었으며 많은 CF 계약을 체결했다. 2010 밴쿠버 올림픽 금메달, 2014 소치 올림픽 은메달을 획득하며 김연아 선수의 광고 시장 가치 또한 크게 증가했다. 광고와 스폰서 계약뿐만 아니라 아이스쇼 같은 이벤트를 통한 수익과 네이밍 라이선스(뚜레쥬르, 제이에스티나, 유니버설뮤직)를 통해 선수의 가치가 광고 시장에서 인정받고 있음을 알 수 있다.

손연재 선수도 2011년부터 활발히 CF 계약을 맺으며 많은 광고에 출연했는데, 생소한 스포츠였던 리듬체조가 일반인의 관심을 불러일으켰고 리듬체조 갈라쇼를 통한 노출 빈도 역시 증가했다. 또 2011년 광저우 아시안 게임에서 한국 리듬체조 사상 첫 개인 종합 메달을 획득해, 선수가 가지고 있던 기존 이미지와 시너지를 발휘해 언론에서 한동안 손연재 선수를 광고 시장의 블루칩으로 평가하기도 했다. 양학선 선수는 2012 런던 올림픽에서 우리나라 기계체조 도마 부문 사상 첫 금메달을 획득했다. 그는 올림픽이 끝난 후 자동차 광고 계약을 맺었는데 양학선 선수만의 개인사가 담긴 감동적인 스토리가 어우러져 런던 올림픽 이후 언론의 큰 관심을 받았다. 양학선 선수는 올림픽에서 좋은 결과를 얻었지만 안타깝게도 박태환이나 손연재, 김연아 선수만큼 광고 시장에서의 파급 효과가 크지는 않았다.

앞에서 언급한 박태환, 김연아, 손연재 선수의 공통점을 분석해보면 모두 대기업 가전제품 CF 계약을 체결했다는 것이다. 김연아와 손연재 선수는 비인기 종목으로서 존재감 자체가 희미했던 피겨스케이팅과 리듬체조 분야에서 한국 스포츠의 위상을 높였고, 연예인 못지않은 외모와 끼를 가지고 있다. 이들은 스포츠 선수가 광고 시장에서 차지하는 비중이 나날이 커지고 있음을 확인시켜주었다.

이상화, 이승훈 선수는 2010 밴쿠버 올림픽을 기점으로 명실상부하게 우리나라 스피드스케이팅을 대표하는 선수로 떠올랐다. 그전까지만 해도 스피드스케이팅은 종목 특성상 아시아 선수보다 체격 조건이 좋은 유럽 선수에게 유리하다는 인식이 강했다. 그런데 밴쿠버 올림픽에서 좋은 활약을 한 두 선수는 또 한 번 우리나라를 대표하는 스포츠 종목의 탄생을 예고했다. 두 선수 모두 밴쿠버 올림픽 이후 언론의 조명을 받으며 광고 계약을 체결했는데, 이상화 선수는 삼성전자, 기아자동차, 비자카드 등 총 5편의 광고를 찍었고, 이승훈 선수는 밴쿠버 올림픽이 끝난 직후 삼성전자 광고를 찍었다. 하지만, 과거에 비해 올림픽대회에서 메달 수나 랭킹이 하락하는 등 한국 선수들의 위상과 대외 인지도가 줄어들면서 올림픽 선수들의 광고 계약 시장은 꽤 위축되었다. 탁구 국가대표 신유빈 선수가 신한금융그룹 광고에 등장하고 리듬체조 국가대표 손지인 선수가 베스트 슬립 광고 모델로 발탁되는 등 올림픽선수로서 광고시장에서 승승장구하고 있지만 예전에 비해 계약 건수나 금액은 상당히 축소되었다. 특히 축구, 농구,

배구 등 프로 선수들이 즐비한 구기 종목들이 파리 올림픽에 출전하지 못함에 따라 이러한 경향은 더욱 두드러졌다.

격투기 선수 시장

격투기는 세계에서 가장 급속히 성장하는 스포츠 종목의 하나로 주목받고 있다. 국내에서도 격투기에 대한 관심은 급격히 증가했는데, 대회의 상금 규모와 격투기 선수의 수가 급격히 늘고 있다.

2015년 UFC 서울에 참가한 우리나라 UFC 선수들의 상금은 다른 프로 대회 못지않게 높아졌다. 2015년 UFC 서울에서 우리나라 UFC 선수 중 상금을 가장 많이 받은 선수는 단연 김동현 (현재 은퇴)이다. 김동현은 대전료 6만 3,000달러, 승리 수당 6만 3,000달러, 리복 스폰서십 1만 5,000달러로 총합 14만 1,000달러(한화 약 1억 5,600만 원)를 받았다. TKO승을 거둔 최두호 선수는 대전료 1만 2,000달러, 승리 수당 1만 2,000달러, 리복 스폰서십으로 2,500달러를 받은 데다, 최고의 경기를 보여준 선수Performance of the Night로 선정되어 5만 달러를 보너스로 받아 총 7만 6,500달러(한화 약 8,500만 원)를 받았다. 추성훈 선수는 경기에 패하며 승리 수당 5만 달러를 받지 못했지만 출전 수당으로 5만 달러를 받았고, 리복에서 후원금 명목으로 5,000달러를 받아 총 5만 5,000달러(한화 약 6,100만 원)의 금전적 혜택을 누렸다.

물론 선수들이 상금으로 받은 금액을 모두 수령하는 것은 아니다. 상금의 30퍼센트를 세금으로 내고, 세금을 제한 금액에서 30퍼센트 정도를 에이전트가, 10퍼센트 정도를 도장에서 가져간다(세금을 제한 금액의 10퍼센트, 즉 총금액의 7퍼센트). 그러므로 세금의 30퍼센트와 도장과 에이전트 수수료를 합한 수치인 14퍼센트, 총 44퍼센트 정도를 제하면 56퍼센트 정도가 선수의 몫이 된다. 물론 이 계산은 선수의 국적에 따라 세금이 달라지고 에이전트 유무, 도장과의 계약에 따라 달라진다. 하지만 분명 격투기 대회 수가 점차 증가하고, 상금 규모 또한 커지고 있다는 사실을 볼 때 격투기 선수 시장은 이미 스포츠 에이전트에게 아주 매력적인 시장으로 보일 수밖에 없다.

• **UFC 상금 규모**

체급	2015년 UFC 서울					
	성명	승/패	파이트머니 (천 원)	보너스 (천 원)	스폰서머니 (천 원)	국내 선수 총 상금(천 원)
페더급	최두호	승	13,307	13,307	2,772	84,826
	남의철	패	11,080	~	2,772	13,852
라이트급	방태현	승	11,080	11,080	2,772	24,932
웰터급	추성훈	패	55,440	~	5,540	60,980
	김동현	승	69,867	69,867	16,635	156,369
	김동현B	패	11,080	~	2,772	13,852
미들급	양동이	승	11,080	11,080	2,772	24,932
상금 총액			182,934	105,334	36,035	379,743

※ 2016년 8월 1일 환율(1,108.30원) 기준.

국내에서 점차 UFC 시장이 커지면서 UFC 내국인 선수에 대한 관심이 증가하고 있다. 대표적인 선수로는 추성훈, 김동현(은퇴), 정찬성(은퇴)이 있다. 이들은 경기장에서뿐만 아니라 각종 광고나 연예 방송, TV 쇼에서도 다양한 활동을 하고 있다. 추성훈 선수는 국내 미디어에 노출되기 시작한 2008년부터 현재까지 많은 CF에 출연하고 있으며 김동현 선수 역시 다양한 연예 방송과 CF에서 노출되고 있다. 특히 정찬성 선수의 경우 유튜브 채널을 비롯한 다양한 매체에서 활약하고 있으며 연예계와 스포츠계의 콘텐츠에 꾸준히 등장하고 있다.

격투기 경기 일정이 잡히면 경기에만 몰두하고 집중할 수 있도록 에이전트는 경기 내외적으로 체계적인 지원을 한다. 추성훈 등과 같이 스포츠 선수가 방송과 광고 시장에서 차지하는 비중이 나날이 커지고 있으며 이들의 이미지와 부합한 다양한 제품군에서 앞으로 자주 볼 수 있을 것으로 기대된다.

유소년 운동선수 시장

스포츠 에이전트는 국내외 리그에서 활약하는 프로 선수뿐만 아니라 다양한 스포츠 종목에서 발전 가능성이 큰 어린 유망주를 발굴하고 육성하는 데에도 많은 관심을 기울인다. 이러한 순수 아마추어 시장으로 불리는 잠재 시장 규모는 프로 리그에 등록되지 않은 아마추어 선수(초·중·고·대학생)를 일컫는데, 그 규모는 쉽게 무시할 수 없을 정도로 성장했다.

아마추어 야구·축구·농구·배구·테니스·골프 선수 시장

야구는 고등부 또는 대학부 선수들이 프로로 전향한다. 2023년 KBO 신인 드래프트의 경우 지난 2012년 이후 10년 만에 연고지 1차 지명을 폐지하고, 1라운드부터 11라운드까지의 전면 드래프트 제도를 다시 도입했다. 2023년 신인 드래프트 지명 대상 인원은 고교 졸업 예정자 793명, 대학 졸업 예정자 300명, 얼리 드래프트 신청자 55명, 트라이아웃 참가자 13명 등 총 1,165명의 선수가 참가하였으며 111명의 선수가 아마추어에서 프로로 전향했다. 전체 등록된 아마추어 선수 중에서 프로로 전향하는 선수는 적은 편이다. 그러나 고등학교 진학 후 MLB로 진출하는 경우, 혹은 프로 선수로 전향하는 과정에서 큰 부가가치를 발생시킬 수 있다. 특히 고등학교 졸업 후 억대 계약금을 받고 바로 MLB로 가는 선례가 있었던 점을 고려하면 에이전트들이 아마추어 야구 선수 시장에서 성장 잠재력이 높은 유망주에게 접근할 가능성도 배제할 수 없다. 유능한 아마추어 선수가 방향을 잃고 헤매는 일이 없도록 옆에서 정신적·법적으로 보조해주는 에이전트의 역할이 기대된다.

한국 축구 리그의 경우 최초의 프로축구리그가 K리그 1이라는 이름으로 1부 리그를 형성하고 있으며 2013년 프로 2부 리그로 발족된 K리그 2가 자리하고 있고 양 리그 간에는 승강제가 이루어지고 있다. 2003년부터 시작된 실업축구 리그인 내셔널리그, 그리고 2007년부터 시작된 아마추어 축구 리그인 K3 리그 어드밴스와 K3 리그 베이직이 존재했다. 2019년 말 내셔널리그와 K3리그를 통합하여, 2020년에 세미프로 리그인 K3 리그와 K4 리그가 출범하였다. 한편 2008년에는 학교 축구 정상화를 목적으로 대학팀들을 대상으로 하는 U리그가 출범하였다.

본래 한국 축구의 기반은 대학 축구였지만 대다수의 K리그 구단들이 유스팀을 운영하거나 고졸 선수들을 주축으로 팀을 운영하면서 중심에서 멀어진 것이 사실이었다. 이와 더불어 무리한 대회 출전으로 선수들이 학업에 집중할 시간이 없다는 문제점도 발생하였다. 이를 해결하기 위해서 대학축구협회에서는 U리그를 설립하였고 2022년부터 U리그 1과 U리그 2로 나뉘어 진행되며 디비전이 나뉨과 동시에 승강제가 이루어지고 있다. 2023년의 경우 U리그 1에 36개의 대학팀이 참가하였고 U리그 2의 경우 49개 대학이 참가하였다.

K리그는 2015 K리그 드래프트를 마지막으로 드래프트 제도를 종료했으며, 자유 계약과 클럽 유스 우선 지명을 중심으로 한 완전 자유계약 제도를 도입했다. 클럽 유스 소속 선수에 대해서는 무제한으로 지명이 가능하고, 그 외의 선수에 대해서는 자유 계약으로 S급, A급, B급의 3등급으로 나누어 각기 다른 조건하에 선발한다. 또한 당해 연도에 지명된 신인 선수는 국내 타 구단으로 임대와 이적이 금지된다(단, 상위 디비전에서 하위 디비전으로 임대와 군·경 입대로 인한 임대는 가능하다).

남자 프로농구의 국내 신인 선수 드래프트는 총 1라운드부터 4라운드를 거쳐 진행되며, 각 팀은 최대 4명의 선수를 지명할 수 있다. 지명을 원하지 않을 경우 해당 라운드에서 지명을 포기할 수 있다. 드래프트 참가자격으로는 대한민국 국적을 보유하고 KBL 구단에 지명되거나 선수 계약을 체결한 사실이 없으며 4년제 대학 졸업 예정 선수, 대학 재학 선수, 대학 졸업 선수, 고교 졸업 예정 선수 등이 해당된다. 신인 선수 드래프트 순위 추첨은 1, 2차로 나누어 진행되며, 전 시즌 최종 순위를 기준으로 확률을 다르게 배정한다. 플레이오프에 진출하지 못한 팀은 1차 추첨에서 각각 16퍼센트, 6강에 오른 팀은 각 12퍼센트, 4강에 진출한 팀은 5퍼센트, 준우승 팀은 1.5퍼센트, 우승팀은 0.5퍼센트의 확률로 추첨 볼을 배정받아 1~4순위를 결정한다. 이어 1~4순위에 들지 못한 팀 중 상위 2개 팀이 9, 10순위를 배정 후 잔여 4개 팀을 대상으로 2차 추첨을 진행한다. 이때 지난 시즌 정규리그 순위 역순으로 40, 30, 20, 10퍼센트의 확률을 적용한다. 2023 KBL 신인 선수 드래프트의 경우 대학 졸업 예정자 22명, 대학 재학 선수 5명, 일반인 실기 테스트를 통과한 3명 등 최종 30명의 선수가 참가하여 20명의 선수가 지명되며 프로에 진출하였다.

여자 프로농구는 6개 구단이 4라운드에 걸쳐 선수를 지명하는데 신인 드래프트 참가자격은 고교 졸업 예정 선수 및 고교 졸업 선수, 대학 졸업 예정 선수 및 대학 재학 중인 선수 등이다. 특히 부모 중 한 사람이 한국 국적을 갖고 있다면 외국 국적 동포선수로 드래프트에 참여할 수 있고, 구단은 이 외국 국적 동포선수를 국내 선수로 등록할 수 있다. 2023년 WKBL 신인 선수 드래프트의 경우 1~2라운드에 걸쳐 총 12명의 선수가 지명되었으며 6개 구단 모두 3~4라운드는 지명권을 행사하지 않았다.

프로배구 또한 프로농구의 신인 선수 드래프트와 동일하게 총 1라운드부터 4라운드를 거쳐 진행된다. 2라운드부터 이전 라운드 순위 지명 순서의 역순으로 지명하는 것은 동일하지만 전 시즌 최종 순위에 의거해 하위 3개 팀은 확률 추첨으로 하고, 상위 팀은 성적의 역순으로 진행된다는 점에서 차이가 있다. 2023~2024 KOVO 남자 신인선수 드래프트에서는 총 42명의 지원자 중 20명이 지명되어 프로 무대에 진출하게 되었으며 여자 신인 선수 드래프트에서는 총 40명의 지원자 중 21명이 선발되었다. 테니스는 초·중·고등부에 등록된 선수 중 상금이 걸린 세계 대회와 국내 대회에 참가해 KTA 랭킹에 등록될 경우 프로로 분류된다. 한국 테니스 정현과 권순우 선수는 고등학생 때부터 두각을 나타내며 프로로 데뷔했다. 테니스 종목 유소년 시장의 성장 속도를 고려할 때, 테니스의 잠재 시장 규모가 굉장히 크다는 것을 알 수 있다.

골프는 현재 초등부, 중등부, 고등부, 대학부로 구분이 되어 있다. KPGA에는 한 해에 약 30명 정도의 아마추어 신인 선수가 등록되고 있으며, KLPGA에서는 매년 25명 정도가 아마추어 신인 선수로 등록되고 있다. 매년 아마추어에서 프로로 승격하는 선수는 해마다 증가하는 반면, 이 선수들을 운동선수로서 보호하고 지켜줄 제도적 장치의 보완이 미흡하다. 한 예로, 아마추어 자격으로 프로골프 대회에 나가서 우승할 경우 규정상 우승상금을 받지 못하는데 실력이 아닌 신분(아마추어 vs. 프로)의 차이로 인해 억울한 사례가 더 이상 발생하지 않도록 세련되고 선진화된 정책을 고안할 필요가 있다.

7

프로골프
선수 시장

       4대 프로 리그 외에 에이전트가 즉시 시장으로 삼을 수 있는 스포츠 분야에는 개인 스포츠인 프로골프 KPGA, KLPGA가 있다. 프로골프는 대회 후원뿐만 아니라 선수 개인에 대한 후원을 동시에 할 수 있어서 후원 수단이 다양하다. 등록 선수가 단체 스포츠에 비해 많은 편이기 때문에 에이전트의 진입 기회도 넓은 편이다. PGA나 LPGA 상위권에서 꾸준히 좋은 활약을 펼치고 있는 한국 선수는 이미 에이전트의 전문적인 도움을 받아 시즌을 보내며 광고나 스폰서십 계약을 체결하고 있다. 에이전트가 활발하게 활동하는 프로골프 선수 시장은 다른 프로스포츠에 비해 이미 에이전트 시장이 안정적으로 운영되고 있다고 해도 과언이 아니다.

    국내 프로골프 선수 시장을 살펴보면 다음과 같다. 2023년 기준으로 프로골프는 KPGA, KLPGA 두 단체에서 약 8,000명 규모의 선수가 활약하고 있다. 우선 회원 제도는 크게 정회원, 준회원, 티칭 프로로 구분되어 있다. 회원제 내에서 정회원, 준회원, 티칭 프로의 중복 취득이 가능하지만 대회 우승, 상금 랭킹 등을 통해 획득한 시드 권으로 정규 투어의 출전이 이루어진다. KPGA와 KLPGA는 프로 자격 부여 방식에서 차이점을 보이는데, KPGA는 프로(준회원) 선발전을 통과한 선수에게 입문 교육을 거쳐 프로 자격이 부여된다. 단, 이 규칙은 대한민국 국적을 가진 선수에 한해 적용된다. 프로 선발전은 지역(골프장) 선발전(예선 2R)과 최종 선발전(본선 2R)을 통해 선발하고 있다. 프로에게는 프론티어 투어, 투어 프로(정회원) 선발전에 응시할 자격이 주어진다. 투어 프로 선발전 통과자는 소정의 입문 교육을 거쳐 투어 프로 자격이 주어지며, 지역(골프장) 선발전(예선 2R)과 최종 선발전(본선 4R)을 통해 선발하고 있다. 투어 프로에게는 챌린지 투어, 코리안 투어 시드 선발전의 응시 자격이 주어진다.

KLPGA는 정회원, 준회원, 티칭 프로 외에 K-투어 회원과 D-투어 회원으로 구분된다. K-투어 회원은 KLPGA D-투어 멤버이면서 정회원 선발전에 합격하고 소정의 교육을 이수해 K-투어 멤버로서 자질을 인정받은 자로 KLPGA 정규 투어와 드림 투어에 참가할 수 있다. D-투어 회원은 외국인이면서 준회원 선발전에 합격하고 소정의 교육을 이수해 D-투어 멤버로서의 자질을 인정받은 자로 점프 투어에 참가할 수 있으며, 정회원 선발전에 참가할 수 있는 자격이 주어진다.

KPGA와 KLPGA의 선수 현황을 비교해 보면, 총 등록 선수는 KPGA가 KLPGA에 비해 월등히 많은 수준이다. 반대로 대회 상금 규모는 KLPGA가 KPGA에 비해 약 1.3배 수준이다. 즉, 여자 리그인 KLPGA가 KPGA와 대등할 정도의 잠재력을 보이거나, 상위 선수만 보았을 때는 KPGA의 상금액을 압도한다. 반면 미국은 PGA가 LPGA에 비해 총 등록 선수는 약 3배, 총 상금 액수는 약 5배로 현격한 차이를 보인다.

2023년 기준 KPGA 코리안 투어 내 23개 대회의 상금 현황을 분석해보면, 4대 대회(코오롱 한국 오픈, GS칼텍스 매경 오픈, SK텔레콤 오픈, 신한동해 오픈)의 상금 총액(54억 원)이 총 대회 상금의 약 20퍼센트를 차지한다. 해가 갈수록 KPGA 코리안 투어 대회의 수는 증가하고 있으며, 이에 따라 대회의 총 우승 상금 역시 과거와 비교하여 크게 증가했다. 특히 2023년에는 스포츠 인텔리전스 그룹의 고군택 선수가 KPGA 코리안투어에서 5년 만에 시즌 3승을 달성한 선수로 이름을 올렸다. 2020년부터 코리안 투어에서 뛴 고군택은 2023년 4월 개막 전인 DB손해보험 프로미 오픈에서 생애 첫 우승을 신고했고, 7월 하반기 첫 대회인 아너스 K · 솔라고 한장상 인비테이셔널과 9월 신한동해오픈에서 2승을 추가하며 2018년 박상현 이후 5년 만에 KPGA 투어에서 시즌 3승 챔프에 등극했다.

고군택 선수를 후원해 준 스폰서의 힘도 컸다. 대보그룹은 미완의 기대주였던 고군택을 2022년부터 후원했고, 그는 다승으로 보답했다. 대보골프단은 한국프로골프에서 남녀 선수 모두를 후원하는 몇 안 되는 골프단으로 2022년 창단하였다. 2024년 현재 고군택을 비롯하여 한국여자프로골프 투어 최예림 등 8명의 선수로 구성돼 있으며

· **KPGA 코리안 투어 대회별 상금 현황**(2023년 기준)

대회명	참가자(명)	총 상금(천 원)	우승자
제18회 DB손해보험 프로미 오픈	147	700,000	고군택
골프존 오픈 in 제주	144	700,000	조우영
OREA CHAMPIONSHIP PRESENTED BY GENESIS	157	200	Pablo LARRAZÁBAL
제42회 GS칼텍스 매경오픈	146	1,300,000	정찬민
우리금융 챔피언십	145	1,500,000	임성재
SK telecom OPEN 2023	147	1,300,000	백석현
KB금융 리브챔피언십	144	700,000	김동민
제13회 데상트코리아 매치플레이	157	800,000	이재경
제66회 KPGA 선수권대회 with A-ONE CC	157	1,500,000	최승빈
하나은행 인비테이셔널	144	1,000,000	양지호
코오롱 제65회 한국오픈	145	1,400,000	Seungsu HAN
아너스 K · 솔라고CC 한장상 인비테이셔널	147	500,000	고군택
KPGA 군산CC 오픈	148	500,000	장유빈
LX 챔피언십	150	600,000	김비오
제39회 신한동해오픈	139	1,400,000	고군택
비즈플레이 전자신문 오픈	142	700,000	김찬우
2023 iMBank 오픈	132	500,000	허인회
대해상 최경주 인비테이셔널	126	1,250,000	함정우
제네시스 챔피언십	120	1,500,000	박상현
백송홀딩스-아시아드CC 부산오픈	109	1,000,000	엄재웅
골프존-도레이 오픈	102	700,000	정찬민
LG SIGNATURE 플레이어스 챔피언십	61	1,300,000	신상훈
영소사이어티 KPGA 프로골프 구단 리그 THE FINAL with 사이프러스 골프앤리조트	12	100,000	하나금융그룹
총 대회(23개) 상금 합계		27,250,200	

프로 선수뿐만 아니라 아마추어 선수로 국가대표 양효진과 피승현 등이 포함되어있는 한국의 대표적인 골프단으로 볼 수 있다. 또한 고군택 선수의 소속사인 스포츠 인텔리전스 그룹은 고군택 선수를 지원하며 선수가 운동에 집중하고 좋은 성적을 낼 수 있도록 조력자 역할을 하고 있다.

2023년 KPGA 상위 20명의 평균 상금은 4억 6,427만 원이다. 상위 20명의 후원 업체를 살펴보면 20명 중 15명의 선수가 스폰서 후원 계약을 맺고 있다. 스폰서로는 골프 관련 브랜드를 포함하여 제약, 유통, 쇼핑, 자동차 분야 등 다양한 것을 확인할 수 있다. 20명의 선수 중 14명의 선수가 에이전시에 소속되어 있었는데 스포츠 인텔리전스 그룹에 속한 선수들이 5명으로 가장 많았고 그 외에도 올댓스포츠, 플레이앤웍스, 지애드스포츠, 웹케시 그룹 등이 있었다. 과거와 비교해보자. 2015년 KPGA 연봉 상위 20명의 경우 에이전트를 보유하고 있던 선수들은 4명으로 적었지만, 2024년 현재 KPGA에서 좋은 성적을 내고 있는 선수들 대다수는 에이전시에 소속되어 있는 것을 알 수 있다. 이는 골프 에이전시 및 에이전트 산업이 성장하고 있으며 골프 선수들도 에이전트를 적극적으로 고용하여 운동에 몰두하는 것으로 해석할 수 있다. 1위 박상현 선수와 20위 허인회 선수 간 상금의 차이는 약 2.65배이다.

KPGA 대회에서 활약하는 골프 선수들의 상금 규모를 분석할 때 고려해야 할 점은 KPGA가 아닌 다른 국제 대회에서 받은 상금은 KPGA 상금 순위에 포함되지 않는다는 점이다. 예를 들면, KEB · 하나

• KPGA 상금 순위(2023년 기준, 1~20위)

순위	이름	소속	후원 업체	상금(천 원)
1	박상현	지애드스포츠	동아제약	782,176
2	Seungsu HAN	스포츠인텔리전스그룹	-	745,907
3	함정우	스포츠인텔리전스그룹	동아오츠카	632,523
4	고군택	스포츠인텔리전스그룹	톨비스트	625,806
5	강경남	-	제스타임	551,849
6	정찬민	스포츠인텔리전스그룹	-	535,421
7	이재경	㈜플레이앤웍스	-	504,459
8	이정환	스포츠웨이브	더이누스	501,533
9	신상훈	올댓스포츠	PXG	499,344
10	김동민	한국체육대학교	마틴골프	492,591
11	최승빈	㈜플레이앤웍스	KCC오토	474,109
12	배용준	㈜플레이앤웍스	CJ오쇼핑	348,669
13	Taehoon LEE	-	FCG코리아	341,736
14	김비오	-	-	338,880
15	김민규	UMA	아벤코리아	328,959
16	박은신	스포츠인텔리전스그룹	힐크릭	327,567
17	백석현	-	마코	324,183
18	황중곤	올댓스포츠	대구CC	320,379
19	전성현	웹케시그룹(웹케시)	-	314,682
20	허인회	-	이안폴터디자인	294,658
상위 20명 연봉 평균				464,271

※ 소속 중 밑줄 부분은 에이전시를 의미함.

· KLPGA 대회별 상금 현황(2023년 기준)

대회명	참가자(명)	총 상금(천 원)	우승자
롯데렌터카 여자오픈	117	800,000	이예원
메디힐·한국일보 챔피언십	120	1,000,000	이주미
넥센·세인트나인 마스터즈 2023	116	800,000	최은우
크리스 F&C 제45회 KLPGA 챔피언십	131	1,300,000	이다연
교촌 1991 레이디스 오픈	126	800,000	박보겸
2023 NH투자증권 레이디스 챔피언십	130	800,000	임진희
2023 두산 매치플레이 챔피언십	62	900,000	성유진
제 11회 E1 채리티 오픈	142	900,000	방신실
롯데오픈	132	800,000	최혜진
셀트리온 퀸즈 마스터즈	122	1,200,000	박민지
DB그룹 제37회 한국여자오픈 골프선수권대회	130	1,200,000	홍지원
BC카드·한경 레이디스컵 2023	131	800,000	박민지
맥콜·모나용평 오픈 with SBS Golf	131	800,000	고지우
대유위니아·MBN 여자오픈	119	1,000,000	황유민
에버콜라겐·더시에나 퀸즈크라운 2023	117	800,000	박지영
제주삼다수 마스터스	130	1,000,000	임진희
두산건설 We've 챔피언십	118	1,200,000	이예원
하이원리조트 여자오픈 2023	120	800,000	한진선
한화 클래식 2023	120	1,700,000	김수지
제12회 KG 레이디스 오픈	118	800,000	서연정
KB금융 스타챔피언십	106	1,200,000	박지영
OK금융그룹 웃맨 오픈	119	800,000	마다솜
하나금융그룹 챔피언십	107	1,500,000	이다연
대보 하우스디 오픈	107	1,000,000	박주영

제23회 하이트 진로 챔피언십	104	1,200,000	이예원
2023 동부건설·한국토지신탁 챔피언십	108	1,000,000	방신실
상상인·한국경제TV 오픈	107	1,200,000	임진희
SK네트웍스·서울경제 레이디스 클래식	101	800,000	박현경
S-OIL 챔피언십 2023	95	900,000	성유진
SK쉴더스·SK텔레콤 챔피언십 2023	77	1,000,000	임진희
총 대회(30개) 상금 합계		30,000,000	

은행 챔피언십, 더퀸즈 프리젠티드 바이 코와 같은 대회에 참가하는 선수들이 늘고 있는데, 이런 대회의 상금은 KPGA보다 훨씬 크다. 이런 사실을 인지하면 남자 골프 선수의 수익은 더욱 커진다.

KLPGA는 2023년 총 30개의 대회가 열렸으며 30개 대회의 총상금은 300억 원으로 대회당 상금이 평균 10억 원을 돌파했다. 2014년까지만 하더라도 KLPGA 투어의 총상금은 165억 원에 불과했고 대회당 평균 상금은 6억 원밖에 되지 않았다. 하지만 해가 갈수록 투어 대회의 총상금은 상승하였으며 2024시즌의 KLPGA 투어 총상금은 320억 원 규모로 역대 최대이다. 이에 따라 프로골퍼들의 적극적인 투자가 이어지고 있다. 스윙과 퍼트 코치, 피지컬 트레이너는 기본이고 어프로치, 비거리, 멘탈, 영양 등 각 분야의 전문가에게 지도를 받는 프로골퍼들이 크게 늘고 있다. 뿐만 아니라 상금 순위 상위권에 속한 선수들 대부분이 에이전시에 소속되어 있으며 에이전트를 고용하여 경기 내외적으로 관리를 받고 있는 것을 확인할 수 있다. 2023년 기준 상위 10명의 연봉 평균은 2억 844만 7,000원으로 나타났다. 10명의 선수 중 9명의 선수가 후원 업체가 있었으며 골프 산업을 비롯하여 제약, 자동차, 유통, 맥주 분야 등 다양한 산업의 기업과 스폰서십 계약을 맺은 것으로 드러났다.

• **KLPGA 상금 순위**(2023년 기준, 1~10위)

순위	이름	소속	후원 업체	상금(천 원)
1	박지영	한국토지신탁	셰플러코리아	299,644
2	이다연	메디힐 골프단	더클래스 효성	271,650
3	박현경	한국토지신탁	명문제약	247,504
4	이소영	롯데골프단	드루(druh)	222,115
5	이예원	KB금융그룹	한미양행	212,008
6	이주미	골든블루	-	207,165
7	최은우	아마노코리아	아마노코리아	171,943
8	이정민	한화큐셀	칭따오	161,479
9	전예성	넥스트스포츠	AIM 인베스트먼트	149,080
10	최예림	와우매니지먼트그룹	비드앤비	141,890
상위 10명 연봉 평균				208,447

미국프로골프[PGA, LPGA]는 국내 프로골프와 비교했을 때 등록 선수 수는 약 1.2배지만 대회 수가 약 2배 많고, 총상금은 약 20배 차이가 난다. 이로 인해 국내 프로골프에서 우수한 성적을 보인 선수들이 미국 무대에 진출하는 경향을 보인다. 특히 여자 골프의 경우 과거부터 현재까지 LPGA, JLPGA 등 해외 여자 골프 리그에서 한국 선수의 활

약은 매우 두드러진다. 비록 2023년 시즌의 경우 LPGA 투어 대회 중 한국 여자 선수들은 모두 5승을 합작하여 과거에 비해 부진했지만 코로나 19 대유행 이전인 2019년에는 15승을 합작하며 여자 골프 강국의 면모를 보여주기도 했다. 박세리의 LPGA 투어 진출 이후 박인비, 신지애, 이미향, 유소현, 장하나, 고진영, 김효주, 양희영 등 매년 스타 선수가 등장하고 있으며 2023년 세계 여자골프 랭킹^{WWGR}이 발표한 여자 골프 선수들의 순위를 살펴보면 한국 여자 선수 32명이 세계 100위 이내에 들어 한국이 골프 최강국임을 재확인했다. 일본 선수가 21명, 미국은 14명이어서 큰 대조를 이뤘다.

일본 여자 프로골프^{JLPGA}에서의 한국 선수들의 활약도 두드러진다. 특히 2015년의 경우 JLPGA 상금 순위 상위 5위에 4명의 한국 선수가 등재되어 있을 정도로 한국 선수들이 상당한 경쟁력을 보였다. 이보미, 신지애, 안선주, 이지희 선수 등이 JLPGA에서 좋은 성과를 얻었으며 특히 신지애 선수의 경우 2023시즌 상금 랭킹 3위로 시즌을 마치며 좋은 성적을 내기도 했다.

신지애 선수는 미국 여자 프로골프^{LPGA} 투어에서 통산 11승을 거둔 뒤 2014년 활동 무대를 일본으로 옮겼다. 신지애 선수는 일본에서 2021년까지 해마다 2승 이상씩을 거두며 승승장구했다. 비록 2022년 팔꿈치 수술 여파로 우승 트로피를 들어 올리지 못했지만 2023시즌 뛰어난 활약으로 JLPGA에서 한국 선수의 건재함을 확인시켜주기도 했다.

프로골프 선수 개인 후원 계약 현황

KPGA와 KLPGA 소속 전체 선수의 스폰서 현황을 분석한 결과, 총 180명(KPGA 80명, KLPGA 100명)의 선수가 84개 기업과 후원 계약을 맺고 있다. 통계청에서 발행한 한국표준산업분류 중 대분류를 기준으로 후원 기업을 업종별로 분류한 결과, 제조업이 38개로 가장 많았고, 금융·보험업(12), 건설업(7), 도·소매업(5), 숙박·음식점업(5), 예술·스포츠·여가 관련 서비스업(3), 출판·영상·방송통신·정보 서비스업(3), 전문·과학·기술 서비스업(2), 전기·가스·증기·수도 사업(1), 부동산 임대업(1), 협회·단체·수리·기타 개인 서비스업(1), 보건 사회복지 서비스업(1), 사업 시설 관리·사업 지원 서비스업, 운수업(1) 순이었다. 제조업체 38개 중 16개가 골프웨어와 골프 관련 상품을 주력 상품으로 한 업체로, 후원이 가장 활발하다. 그중 JDX멀티스포츠는 전체 후원 계약 업체 중 가장 많은 9명의 선수와 계약을 체결했다. 건설업 관련 업체와 금융·보험업 관련 업체(BC카드, 한화생명, 한화손해보험, BNK금융그룹, KB금융그룹, SBI저축은행, 미래에셋, 하나금융그룹), 도·소매 관련 업체(롯데하이마트, 토니모리, 폴스부띠끄) 등 특정 업종에서는 KLPGA 선수하고만 후원 계약을 체결하는 형태를 띠고 있다. 반면 일부 제조업체(캘러웨이, 휴셈, 타이틀리스트, 브리지스톤, 테일러메이드, 현대제철, 코웰, 나이키, 동아제약, 테나후, 히로야키골프 등)는 KPGA 선수하고만 후원 계약을 체결하는 점이 특징이다.

국민소득 향상과 함께 골프에 대한 관심이 증대되었고 이로 인해

• **KPGA와 KLPGA 주요 업종별 스폰서 현황**

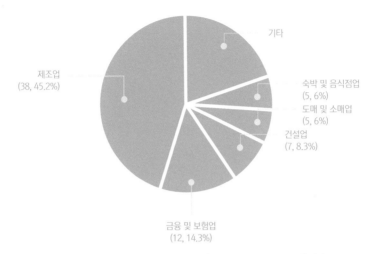

총 14개 업종, 84개 업체, 선수 180명(KPGA 80명, KLPGA 100명) 계약

프로골프 광고 시장과 골프 산업이 급속하게 팽창하고 있다. 특히 골프 스폰서십은 일반 대중에게 메시지를 전달하는 데 탁월한 마케팅 효과를 발휘한다. 특히 한국 여자 골프 대표팀의 박인비 선수가 리우 올림픽에서 금메달을 획득하면서 한국 여자 골프의 위상을 다시 한번 확인시켜주었다. LPGA, JLPGA, KLPGA 등 여러 국가의 프로 대회에서 한국 선수의 꾸준한 활약이 지속되는 한 여자 골프 선수 시장은 꾸준히 성장할 것이다.

3

국내외 스포츠
에이전트 제도

8

국내 스포츠 에이전트와 에이전시 현황

국내 스포츠산업 시장 규모는 약 78조 원이고(스포츠 산업백서, 2022년 기준), 다양한 스포츠 에이전시 회사들이 스포츠산업 현장에서 두각을 나타내고 있다. 과거 한국 스포츠 에이전시의 대표적인 회사로는 갤럭시아SM(전 IB월드와이드), 스포티즌, 세마스포츠마케팅 등이 꼽혔다. 이 업체들은 모두 스포츠 에이전트를 주요 업무 중 하나로 취급하며 활발한 움직임을 보였다.

갤럭시아SM은 스포츠 마케팅으로 명성이 높은 IB월드와이드와 스타 매니지먼트 노하우로 유명한 SM엔터테인먼트가 MOU(전략적 제휴와 유상증자)를 체결해 설립되었다. 갤럭시아SM은 스포츠와 엔터테인먼트를 결합해 무한한 가능성을 지닌 스포테인먼트Sportainment 시장을 개척한다는 목표를 가지고 있었다. 메이저 리그에서 활약한 추신수, LPGA와 KLPGA에서 활약했고 리우 올림픽에서 금메달을 받은 박인비, 리듬체조 손연재, 소치 올림픽 쇼트트랙 금메달리스트 심석희 등 다양한 종목의 선수들의 매니지먼트를 전담하기도 했다.

스포티즌의 경우 과거 벨기에 프로축구팀 A.F.C 투비즈를 인수하고, 각종 스폰서십의 스포츠 프로모션을 주관하는 등 스포츠 마케팅 시장에서의 노하우가 검증된 회사다. 또한 네오플럭스와 보광창업투자, UTC인베스트먼트 등 벤처 캐피털 3곳과 YG엔터테인먼트 계열 YG플러스에서 90억 원 투자를 유치한 바 있어서 화제가 되기도 했다. 에이전시 관련 업무에서는 프로스포츠(축구) 분야에서 유망주를 (별도의 축구 에이전시 법인 설립), 개인 스포츠에서 국가 대표와 메달리스트를 영입하는 성향을 보이기도 했다. 현재 스포티즌의 선수 매니지먼트의 경우 골프와 테니스에 집중하고 있다. KPGA와 KLPGA에서 활약하는 선수들과 여자 테니스 선수들을 다수 관리하고 있다.

세마스포츠마케팅은 2000년대 초 LPGA 골프 스타 박세리의 매니지먼트사로 이름을 알리기 시작했고, 국내 스포츠 이벤트 분야에 '부분 인수underwriting'라는 개념을 처음 도입한 회사다. '부분 인수'는 스포츠 이벤트를 개최하고자 하는 기업에게 최소 비용을 받은 뒤 일정 부분의 개최 권리를 넘겨받아 운영하는 방식으로, 스타 섭외와 행사 운영 등의 노하우를 활용해 흥행성을 극대화한 뒤 수익을 나누어 갖는다. 2004년과 2008년 각각 한국을 처음 방문한 '골프 황제' 타이거 우즈와 '축구 스타' 데이비드 베컴도 이벤트 권리를 지닌 세마스포츠마케팅의 작품이었다. 선수 매니지먼트 측면에서는 개인 종목 선수만 영입하며 박세리, 최나연, 신지애 등 주로 LPGA와 KLPGA 핵심 선수의 매니지먼트를 담당하기도 했다. 또한 선수 매니지먼트의 주 업무 영역인 '유망 선수 관리' 측면에 맞게 테니스 장은세, 스키 전진원 등 유망주와 계약하는 성향을 보이기도 했다.

이러한 업체들 외에도, 시장이 커지면서 다양한 형태의 스포츠 마케팅 관련 업체가 스포츠 에이전트 시장의 문을 두드렸다. 법무법인 충정은 2015년 말 '스포츠·엔터테인먼트 팀'을 구성하며 프로야구를 중심으로 스포츠 에이전트 사업을 시작했다. 스포츠 에이전트로 일하는 변호사는 상당수 있지만, 이처럼 법무법인에서 팀을 조직해 에이전트 사업에 뛰어든 것은 국내 최초다. 충정은 자사의 특기인 법률 서비스 외에도 군사용 레이더를 이용한 투구와 타구 측정 시스템 '트랙맨'과 제휴해 객관성 있는 데이터를 토대로 선수의 연봉 산정 관련 전문 서비스를 시행하기도 했다.

업무상 선수들과 친밀한 관계를 다지고 있는 용품 유통·머천다이징 업체도 스포츠 에이전트 시장에 도전하기도 했다. 브리온컴퍼니는 나이키 베이스볼, 뉴밸런스 베이스볼 등의 총판 업무를 골자로 했던 회사로, LG전자와 글로벌 스포츠 마케팅 파트너십을 체결하고 LA 다저스, 신시내티 레즈 등 각종 MLB 구단의 스폰서십 업무를 진행하기도 했다. 선수 에이전트로는 스피드스케이팅 금메달리스트 이상화, 박승희 등 빙상 종목 선수들과 최정, 김강민, 이종욱, 정근우 등 야구 선수의 에이전트 역할을 담당하기도 했다.

프로야구 SK 와이번스(SSG 랜더스의 전신), 롯데 자이언츠, 두산 베어스, 프로농구 SK 나이츠, 삼성 썬더스, K리그의 울산 현대, 인천 유나이티드, FC 안양 등 각종 프로스포츠 구단과 머천다이징 계약을 맺었던 NXT인터내셔널도 2007년부터 스포츠 에이전트 관련 업무를 주요 업무로 취급하며 야구 선수 노경은, 함덕주, 정인욱과 전 리듬체조 선수 신수지의 에이전트 역할을 담당하기도 했다.

주요 스포츠 마케팅 업체를 중심으로 스포츠 에이전시 사업을 운영 중인 스포츠 마케팅 업계의 업무상 공통점을 살펴보면 첫째, 에이전시 사업 외에도 스폰서십, 프로모션, 이벤트 등 마케팅 분야를 주 업무 영역으로 설정했음을 알 수 있다. 이는 각 업체의 마케팅 네트워크를 통해 소속 선수의 광고나 이벤트 등 추가 매출과 인지도를 높일 수 있어 에이전시 사업 전반에서 중요한 경쟁력이 된다. 둘째, 이적과 스카우트에 대비해 법률·회계 등 제반 시스템을 갖추고 있다. 각 업체가 지니지 못한 전문 분야에 대한 자문, 지원 역량을 갖추기 위해 많은 관련 업체와 협력 관계를 유지하고 있다. 갤럭시아SM은 의료(솔병원, 차움), 법률(법무법인 태평양, 법무법인 서정), 회계·사무(삼일회계법인)로 구성된 선수 지원 네트워크를 보유하기도 했다. 반대로 법무법인 충정과 같이 전문적인 업체가 에이전시 사업에 진출하는 경우도 있다. 셋째, 홍보와 경기력 지원 시스템을 구축하고 있다. 스포츠 선수의 일거수일투족은 언론과 팬의 표적이 되기도 한다. 경기장 안팎에서 부주의한 행동을 하면 구설에 오를 수 있다. 그래서 매사에 조심스럽고 성숙한 태도가 요구되는데 만약 문제가 생기면 선수가 성급하게 대처하기보다 에이전트가 나서서 현명하게 문제를 해결할 수 있도록 돕는다. 선수의 실력 향상을 위한 경기력 지원 시스템은 특히 개인 종목 선수에게 효과적으로 적용될 수 있다. 이는 종목과 선수에게 맞는 훈련 프로그램과 시설, 스태프 등을 마련해 선수에게 제공하는 시스템이다. 선수의 경기력을 진작시키기 위한 훈련 시설 마련이나 전문 트레이너 고용도 에이전트의 역할이다.

'1인 에이전트'는 다양한 업체와 협력 관계를 체결하는 에이전시에 비해 규모는 작지만 에이전트 본연의 역할인 연봉 협상, 구단과의 접촉 등에서 역량을 발휘한다. 프로농구 1세대 에이전트라고 불리는 서동규 에이전트처럼 국제 스포츠산업 정세, 통계 등 관련 업무를 지원하는 전문 에이전트도 각 분야에 다수 존재한다. 특히, 서동규 에이전트는 비스스포츠라는 1인 에이전시를 운영하면서 네트워크를 통한 전문가 지원 서비스를 제공하는 등 대형 에이전시에 준하는 서비스를 제공하기도 했다.

하지만 대형 에이전시가 속속 등장하면 '1인 에이전트'는 시장에서 밀릴 여지가 다분하기 때문에 다른 경쟁 업체와의 비교우위를 높이기 위해 차별화된 전략이 반드시 필요하다. 실제로 미국과 같이 에이전트 제도가 활성화된 시장에서는 이미 '20/80의 법칙'이 나타났다. 20퍼센트의 에이전트가 80퍼센트의 선수를 대리하고 있어서 신규 에이전트의 스포츠 시장 진입이 매우 어렵다. 에이전트 활성화라는 소기의 목적을 달성하기 위해서, 일부 에이전트를 포함한 에이전시의 지나친 시장 장악력을 어떻게 견제할 것인가에 대해 진지하게 논의해야 한다.

현재 국내에도 다양한 형태로 운영되고 있는 많은 스포츠 에이전시가 존재한다. 그중에서도 스포츠인텔리전스 그룹, 리코스포츠에이전시, PNJ 코퍼레이션은 스포츠 에이전시 산업에서 두각을 나타내며 다양한 종목의 프로 선수들과 메달리스트 선수들을 관리하고 있다. 스포츠인텔리전스 그룹의 경우 한국의 대표 마무리 투수인 오승환 선수를 비롯하여 김선빈, 최형우, 함덕주 등의 선수 매니지먼트를 도맡아 하고 있고 다수의 골프 선수들 역시 관리하고 있다. 또한 선수들뿐만 아니라 은퇴 선수나 프로 감독 및 코치의 에이전트 역할을 하고 있는 것을 확인할 수 있다. 리코스포츠의 경우 야구, e스포츠, 당구, 테니스, 리듬체조, 골프 등 다양한 스포츠 스타 선수들을 매니지먼트 하고 있다. 특히 고우석, 김현수, 박병호 등 메이저 리그에 진출한 선수들과 한국프로야구 리그에서 활약하고 있는 다양한 선수들이 리코스포츠에 소속되어 있는 등 2024년 현재 총 46명의 야구 선수를 관리하고 있는 것으로 나타났다. PNJ 코퍼레이션의 경우 한국 외에 동남아시아, 서아시아 등 아시아 축구 리그를 중심으로 다양한 국적의 선수들의 매니지먼트와 이적을 진행하고 있다. 특히 PNJ 코퍼레이션은 국내에서 기회를 받지 못하는 선수들을 대리하며 해외 중소 리그로의 진출을 돕고 있다. 한국의 대표 에이전트인 스포츠인텔리전스 그룹 김동욱 대표, 리코스포츠에이전시 이예랑 대표, PNJ 코퍼레이션의 박민 대표가 말하는 스포츠 에이전트에 대한 생각을 들어보자.

이름 김동욱

소속과 직책 ㈜스포츠인텔리전스 그룹 대표이사

학력

– 경희대학교 체육대학원 스포츠커뮤니케이션융합 전

공(스포츠산업경영 석사)

경력

– 2013년 5월 ~ 현재 : ㈜스포츠인텔리전스 그룹 대표이사

– 2012년 2월 ~ 2013년 4월 : ㈜IB스포츠 팀장(국장)

– 2007년 10월 ~ 2012년 1월 : 푸마코리아 유한회사 마케팅 실장

– 2002년 1월 ~ 2007년 9월 : ㈜이랜드 푸마 사업부 마케팅팀 과장

– 2000년 8월 ~ 2001년 11월 : ㈜제네럴스포츠 마케팅팀

질문과 답변

• 스포츠산업으로 진출하게 된 계기는 무엇입니까?

어려서부터 야구, 축구를 좋아했고, 태권도는 공인 3단이었습니다. 특히 수영과 스키, 윈드서핑은 중학교 때까지 선수생활을 할 정도로 수준급이었습니다. 고등학교 때는 대학에 가야 해서 운동 대신 프로야구를 보면서 스트레스를 풀었습니다. 대학 진학 후에 다시 스포츠와 여행을 즐기면서 스포츠 마케팅이란 분야에 흥미를 갖기 시작했습니다. 스포츠 마케팅 동아리에 들어가서 스터디도 하고 여러 선배를 따라다니며 스포츠 관련 산업의 직장을 구하겠다고 마음먹었습니다. 처음 일하게 된 곳은 작은 스포츠 마케팅 회사였습니다. 그곳에서 2002년 월드컵 관련 프로모션 업무를 진행하다가 푸마라는 글로벌 스포츠용품 브랜드에 입사해 선수와 팀 스폰서십, 이벤트 개최 등 스포츠 마케팅을 배우게 되었습니다.

• 어떻게 스포츠 에이전트로 활동하게 되었는지요?

푸마 마케팅팀에서 했던 주된 업무가 용품 스폰서십이었습니다. 자연스럽게 축구 선수를 비롯해 용품이 필요한 여러 종목 선수들을 알게 되었지요. 독일 본사의 마케팅팀에서 육상 선수 우사인 볼트의 글로벌 마케팅 PM을 맡으면서 선수 매니지먼트에 대한 지식을 많이 갖추게 되었습니다. 제가 브랜드에서 담당했던 종목은 축구, 모터스포츠, 육상 등이었는데, 정작 가장 좋아하는 종목은 야구였기에 항상 야구 관련 업무를 하고 싶다는 꿈을 버리지 않았습니다. 그러던 중 푸마에서 야구 사업을 준비하게 되었고, 그 즈음 우연한 기회에 오승환 선수와 개인적인 친분을 쌓게 되었습니다. 몇 년이 흘러 오승환 선수가 해외에 진출할 시기가 되었고, 오 선수와 저는 우리가 좋아하는 야구에서 제대로 힘을 합쳐보자고 뜻을 모아 에이전트 업무를 처음 진행하게 되었습니다.

• 스포츠 에이전트로서 가장 보람 있던 순간은 언제였나요?

우리 소속 선수가 계약 팀에서 인정받고 좋은 성적을 거두었을 때입니다.

• 스포츠 에이전트로 활동하면서 느끼는 어려움과 장벽은 무엇인지요?

에이전트 제도가 도입된 지 7년이 넘었지만 미국 MLBPA처럼 에이전트에 대한 철저한 관리가 필요합니다. 예를 들면, 에이전트는 선수와 소통을 할 때, 덕아웃이나 락커룸의

출입이 제한되고, 자신의 고객이 아닌 선수와 접촉할 경우, 72시간 내에 선수협회에 보고를 해야 하는 등 에이전트에 대한 철저한 관리, 감독을 하고 있지만 한국의 경우, 규정의 집행이 제대로 되지 않아 선의의 피해자를 양산되고 있습니다. 법과 규정을 잘 지키는 에이전트가 많아졌으면 하는 바람입니다.

• 스포츠 에이전트로 활동하면서 가장 중요하다고 생각하는 업무는요?

에이전트 업무는 다른 사람의 일을 대신 처리해주는 것입니다. 내 자신의 일이라면 설령 실수나 실패를 하더라도 스스로 책임지고 손해를 감수하면 되지만, 대리인은 타인을 대신해서 일하기 때문에 그 피해가 고객인 선수에게 돌아가지요. 그러므로 작은 일이든 큰일이든 어느 것 하나 중요하지 않은 것이 없습니다. 예를 들자면, 100억 원짜리 계약을 따내는 것과, 인터뷰 자리에서 잠깐 말 한마디 실수를 해서 선수 이미지에 피해가 가는 일 중에 무엇이 더 중요하냐면 둘 다 중요하다는 것이지요.

• 스포츠 에이전트에게 가장 필요한 자질은 무엇이라고 생각하나요?

책임감이지요. 항상 한 치의 오차나 실수 없이 업무를 처리하려고 노력합니다. 또 하나는 선수 계약에 필요한 법적 지식뿐만 아니라 중계권, 스폰서십 등 스포츠산업의 전반적인 이해가 있어야 합니다. 양질의 스포츠 에이전트를 육성하기 위한 강의나 교육과정들이 필요합니다.

• 앞으로 한국의 스포츠 에이전트 시장을 어떻게 전망하나요?

한국의 프로스포츠는 질적, 양적으로 많이 성장했고, 앞으로도 더 큰 성장 가능성을 지니고 있습니다. 그에 비해 에이전트 시장은 아직 시작도 하지 않았지요. 그렇기에 우리

프로스포츠 규모에 맞게 성장하기 위해서는 앞으로 많은 노력이 필요합니다. 시장성은 분명 있다고 생각해요. 하지만 국내 시장은 해외 빅마켓에 비해 작은 것이 현실입니다. 그렇기에 아주 빠른 시간 내에 에이전트 시장이 포화 상태가 될 것이라고 생각합니다. 국내 에이전트가 국내 시장이 포화 상태가 되었을 때 해외 시장에서 경쟁력을 갖추게 될 것인가가 관건이라고 생각합니다. 국내 스포츠 에이전트 시장에서 양질의 에이전트가 많이 생기길 바랍니다.

• 스포츠 에이전트로서 앞으로의 꿈이 있다면 무엇인가요?

많은 선수를 보유한 최고의 에이전트가 되고 싶은 생각은 없습니다. 하지만 나와 함께 하면 언제든 좋은 일이 생긴다는 생각을 갖고 신뢰하는 선수들과 오랫동안 함께하고 싶습니다. 다시 말해서 가장 규모가 큰 에이전트가 아니라 선수들이 가장 선호하는 에이전트가 되는 것이 꿈이지요. 에이전트로서 선수들을 관리하고 도움을 주는 현재에 만족하고 있고, 그들과 함께 건전한 스포츠 문화를 만드는 일을 하고 싶습니다.

• 스포츠 에이전트를 꿈꾸는 이들에게 조언하고 싶은 것은 무엇입니까?

스포츠 에이전트를 선수와 구단을 중개해 돈을 버는 정도로만 생각하면 안 됩니다. 정말 힘든 일이고 많은 업무는 물론 막중한 책임이 동반되는 어려운 직업 중의 하나입니다. 스포츠산업 전반에 대한 이해를 키웠으면 좋겠고, 조직에서의 경험을 통해 소통 방법을 배우는 것이 중요합니다. 에이전트에게는 선수뿐만 아니라 구단, 언론, 심지어 팬도 고객입니다. 이들과 효과적인 커뮤니케이션을 할 수 있는 역량을 키우기 바랍니다. 협상 능력은 그보다 한참 다음의 일이지요.

이름 이예랑

소속과 직책 ㈜리코스포츠에이전시 대표이사

학력

– 서던캘리포니아 대학원 커뮤니케이션 석사

경력

– 볼티모어 오리올스 김현수계약

– 미네소타 트윈스 박병호, 피츠버그 파이리어츠 강정호 국내 매니지먼트 계약

– 시카고 컵스 권광민 계약

질문과 답변

• 스포츠산업으로 진출하게 된 계기는 무엇이고 어떻게 스포츠 에이전트로 활동하게 되었는지요?

처음부터 스포츠 에이전트가 되겠다고 생각했던 것은 아닙니다. 예전부터 알고 지내던 스포츠 선수들이 있었는데, 그들에게 다양한 방면에서 조언을 해주다 인연이 되어 공부를 시작하게 되었습니다. 선수들에게 전문적으로 도움을 주고 싶은 마음이 강했지요. 미국에서 커뮤니케이션과 마케팅, 스포츠 매니지먼트를 공부하면서 에이전트 업무를 습득하려 노력했고, 인적 네트워크를 동원해 이 일을 시작하게 되었습니다.

• 스포츠 에이전트로서 가장 보람있던 순간은 언제였나요?

친한 선수들끼리 에이전트를 추천해주는 경우가 있는데, 선수들이 저를 좋은 에이전트라고 소개해줄 때 저를 신뢰한다는 게 느껴져서 보람을 느낍니다. 사실 운동선수들은 표현을 잘 안하는 편인데 제게 "고맙다"고 이야기해주고 사소한 것이라도 표현해주면 정말 기쁩답니다. 특히, 조성환 위원은 저를 만나기 전과 후로 인생이 바뀌었다는 말을 하면서 고마움을 표현했는데 제게도 큰 힘이 되었습니다.

• 스포츠 에이전트로 활동하면서 느끼는 어려움과 장벽은 무엇인지요?

선수들이 수술을 하거나 컨디션이 안 좋아져서, 가정사로 슬럼프를 겪을 때 에이전트로서 해줄 수 있는 게 없는 상황이 생기곤 하는데 그때가 가장 힘겹습니다. 어려운 상황에 처한 선수에게 위로의 말을 진심을 담아 전하고 싶은데 메시지 하나 보내는 것도 신경이 쓰이곤 합니다. 제가 여성 에이전트라서 시장진입에 장벽이 높았다고 생각하는 분이 많은데, 저는 여성으로서의 별다른 장벽을 느끼지 못했습니다.

• 스포츠 에이전트로서 활동하면서 가장 중요하다고 생각하는 업무는요?

선수 계약이 가장 중요하다고 생각합니다. 사실 뭐 하나 덜 중요한 것 없이 모두 중요한데, 좋은 계약을 하기 위해서는 선수가 좋은 성적을 내야 하지요. 또 좋은 성적을 내기 위해서는 선수의 모든 부분에 신경을 써야 합니다. 한 예로, 김현수 선수가 평소에 쓰고 싶어하는 배트를 어렵게 미국에서 공수해온 적이 있습니다. 그 이후에 김현수 선수가 그 배트를 쓰며 좋은 성적을 냈는데, 물론 그 배트가 좋았을 수도 있지만 선수의 심리적 안정에 도움이 되지 않았나 생각해요. 좋은 계약을 이끌어가기 위해서 선수들을 관리하는 수많은 일이 모두 중요하다고 생각합니다.

• 스포츠 에이전트에게 가장 필요한 자질은 무엇이라고 생각하나요?

가장 중요한 것은 직업윤리라고 생각합니다. 첫 번째가 정직함, 두 번째가 비밀 유지, 세 번째가 선수의 권익을 먼저 생각하는 마음이지요. 에이전트는 선수가 판단을 해줄 수 있도록 도와주는 사람이기 때문에 선수에게 솔직한 것도 중요하다고 봅니다. 선수들에게 거짓 없이 선수와 관련해 발생하는 모든 일을 솔직하게 말해 줄 필요가 있다고 생각합니다.

• 앞으로 한국 스포츠 에이전트 시장의 전망은 어떤가요? 에이전트를 꿈꾸는 이들에게 조언을 한다면요?

전망이 밝을지 어두울지는 모르겠지만 경쟁이 치열할 것이라는 생각이 듭니다. 에이전트 시장은 더 전문적으로 발전할 것이고, 그렇기 때문에 스포츠 에이전트를 꿈꾸는 사람이라면 더 많이 고민하고, 공부하고, 준비해야겠지요. 이 일에 대한 열정이 있는지 먼저 고민해보고, 단순히 '선수들과 친하게 지내고 있다'는 생각으로 에이전트라는 직업에 접근하지 않았으면 좋겠습니다. 무엇보다도 이 분야를 어떻게 더 발전시킬 수 있을지 진지하게 고민해보길 바랍니다.

• 스포츠 에이전트로서 앞으로의 꿈이 있다면 무엇인가요?

선수와 관련된 일에서만큼은 누구보다 전문적인 지식을 갖추어 일도 잘하고, 선수도 위하는 좋은 에이전트가 되는 게 꿈입니다. 또한 스포츠 시장에서 '상생'과 '사회 공헌'이 자리 잡도록 노력하고 싶습니다. 선수의 연봉뿐만 아니라 스포츠 시장의 전반적인 파이를 키워 이 업종에서 일하는 사람들이 함께 상생했으면 좋겠습니다. 선수들과 스포츠를 통해 사회 공헌에 이바지하고 싶습니다. 한국의 스포츠산업과 에이전트 시장의 가치를 높이는 데 기여하는 좋은 에이전트가 되기 위해 열심히 노력하겠습니다.

이름 박 민

소속과 직책 PNJ 코퍼레이션 대표

      現 피파 (FIFA) 에이전트

      現 프로스포츠협회 공익 에이전트

      前 대한축구협회 (KFA) 중개인

소속 선수 및 감독

켄타 하라(일본), 머니스 당기(네팔 국가대표), 모하마드 타하(레바논), 다보르 버버(세르비아), 자보키르 에손쿨로프(우즈베키스탄), 미르조 마마코노프(우즈베키스탄), 노디르벡 마블로노프(우즈베키스탄)

질문과 답변

• 스포츠산업으로 진출하게 된 계기는 무엇인가요?

어린 시절부터 축구를 좋아했고 국내 및 해외의 다양한 리그에 관심을 갖고 즐겨봤습니다. 대학에 진학을 하여 법학을 전공하였는데 진로에 대해 고민을 하면서 스포츠 에이전트라는 분야를 알게 되었습니다. 스포츠 에이전트라는 직업은 스포츠 선수를 대리하여 계약 협상과 계약 관리를 한다는 점에서 제가 전공했던 법학과도 연관성이 있었고 무엇보다 스포츠 선수를 관리하여 함께 성장을 하는 것에 큰 매력을 느껴서 도전을 하게 되었습니다.

• 어떻게 스포츠 에이전트로 활동하게 되었나요?

대학을 졸업하고 회사 생활을 잠깐 경험하였는데 대학원에 진학하여 스포츠산업을 공부하며 스포츠 에이전트를 준비하였습니다. 축구 선수의 프로 진출에 관한 통계에서 초등학교, 중학교, 고등학교까지 선수로 활동한 선수가 프로에 진출하는 확률이 채 1퍼센트도 되지 않는다는 것을 보았습니다. 국내에서 기회를 받지 못하는 선수들이 다양한 해외 무대에서 또다른 기회를 만들어가는 것이 중요하다고 생각되었고, 국내를 포함하여 아시아의 다양한 국가에 선수를 진출시키는 것을 목표로 에이전트로 활동을 시작하게 되었습니다.

• 스포츠 에이전트로서 가장 보람 있던 순간은 언제였나요?

소속 선수 중 네팔 국적의 머니스 당기 선수는 중학교와 고등학교때까지 한국에서 축구 선수로 활동을 하였습니다. 고등학교를 졸업하고 K리그 대전 하나시티즌의 입단 테스트를 통과했을 정도로 잠재력을 인정받았으나 국적 문제로 최종 입단까지 이어지지 못하고 고국으로 돌아가야 했습니다. 이후 선수의 사연을 알게 되어 직접 연락을 했고 그렇게 함께 일을 시작하게 되었습니다. 당장은 K리그 진출이 어려웠고 축구 인프라가 아직 약한 네팔보다는 다른 해외 국가에서 뛰는 것이 중요했고 선수도 이를 목표로 하고 있었습니다. 다양한 국가의 팀을 알아보던 중 바레인 그리고 태국 프로축구 구단에서 제안이 와서 계약을 하게 되었고, 최종 목표인 K리그 진출을 위해 도전하고 있습니다. 이처럼 잠재력과 가능성이 있는 선수들을 발굴하여 함께 성장하며 기회를 만들어가는 것에 큰 보람을 느끼고 있습니다.

• 스포츠 에이전트로 활동하면서 어려움과 장벽은 무엇인지요?

저는 축구 선수 출신이 아니고 축구 산업 현장에서의 경력이 전무한 상태로 에이전트로 일을 시작했습니다. 의욕은 넘쳤지만 에이전트 산업 내에서 신뢰를 담보할 만한 이력이 없었기 때문에 선수 또는 구단으로부터 신뢰를 확보하는 것이 쉽지 않았습니다. 잠재 고객으로부터 신뢰를 확보하기 위해서는 계속해서 실적을 만들어내고 결과를 보여주는 것이 중요하다고 생각하고 있고 현재도 이를 위해서 노력하고 있습니다.

다양한 변수나 통제할 수 없는 리스크도 스포츠 에이전트가 겪는 어려움 중의 하나라고 생각합니다. 선수가 구단에 입단하게 되더라도 성적 부진, 부상, 구단과의 갈등, 방출, 적응의 어려움 등으로 인하여 새로운 팀을 알아봐야 하는 경우가 생길 수도 있고, 어려운 과정을 함께 거쳐서 성장한 선수가 다른 에이전트와 계약을 하는 상황을 맞이할 수도 있습니다. 사람과 사람 간에 하는 일이기 때문에 때로는 감정을 소비해야 하는 일이 발생할 수도 있으나 업무의 일부로 생각하고 의연하게 대처하는 것이 중요하다고 생각합니다.

• 스포츠 에이전트로서 활동하면서 가장 중요하다고 생각하는 업무는요?

축구 에이전트의 경우, 선수를 필요로 하는 팀을 찾아내서 계약을 중개하는 것이 중요한 업무 중의 하나입니다. 이 과정에서 선수의 특징과 시장의 니즈를 잘 파악하여 구단에 제안하고 거래를 성사시키는 것이 에이전트가 해야 할 중요한 역할입니다. 이를 위해서는 다양한 구단과의 네트워크를 형성하여 어떤 유형이나 조건을 갖춘 선수 등을 필요로 하는지 정보를 확보하고, 해당 조건에 적합한 선수를 연결하여 거래를 성사시키는 것이 가장 중요한 업무라고 생각합니다.

• 스포츠 에이전트에게 가장 필요한 자질은 무엇이라고 생각하나요?

스포츠 에이전트는 선수, 코치, 구단 관계자, 미디어 등과 관계를 형성하고 지속적으로 소통합니다. 때로는 특정한 사안에 대하여 조율하고 중재를 해야 될 필요성이 있습니다. 따라서 스포츠 에이전트는 원만하게 당사자들과 소통을 할 수 있는 능력과 자세가 필요하다고 생각합니다.

선수 입단 비리, 에이전트의 불법 횡령, 사기 등이 언론에 보도되며 스포츠 에이전트가 부정적으로 인식되기도 합니다. 선수 또는 구단을 대리하여 협상하고 업무를 처리하기 때문에 관련 규정 및 업무 윤리를 준수하여 투명하고 정직하게 일을 처리해야 한다고 생각합니다.

- 앞으로 한국 스포츠 에이전트 시장의 전망은 어떤가요?

대한민국뿐만 아니라 전세계적으로 스포츠 에이전트 시장은 계속적으로 성장할 것이라고 생각합니다. 특히 축구의 경우, 국제축구연맹 피파FIFA의 가맹국이 211개 국가인데 이 중 대다수 국가는 자국 리그를 보유하고 있고, 외국인 선수와 지도자를 데려오고 있습니다.

예를 들어 과거 축구 개발도상국이었던 태국, 말레이시아, 인도네시아 등의 동남아시아 국가들은 지속적으로 축구 인프라를 구축하고 투자를 하여 우수한 외국인 선수, 지도자 등을 자국 리그에 영입하며 지속적인 발전을 이뤄내고 있습니다. 사우디, 카타르 등 중동 국가는 천문학적인 자금을 투자하여 우수한 인적 자원들을 영입하며 시장의 규모를 키우고 있습니다. 뿐만 아니라 바레인, 오만, 요르단 등 우리에게 낯선 중동 국가들도 자국 리그에 지속적으로 투자를 확대하며 질적 수준을 높이고 있습니다.

해외 무대는 에이전트에게 또다른 기회를 제공할 수 있는 곳이라고 생각합니다. 또한 국내 선수와 더불어 해외 선수를 고객으로 유치하여 관리할 수 있기 때문에 국내 시장과 더불어 해외 시장을 개척한다면 앞으로 에이전트에게 더 큰 기회가 될 것이라고 생각합니다.

• 스포츠 에이전트로서 앞으로의 꿈이 있다면 무엇인가요?

처음 에이전트 일을 시작하면서 목표했던 것은 국내 및 아시아, 유럽 등 해외 국가에 소속 선수 및 지도자를 진출시키는 것이었습니다. 지난 7년의 시간 동안 동남아시아의 태국, 말레이시아, 중동의 오만, 바레인, 중앙아시아의 우즈베키스탄, 키르키지스탄, 중화권인 홍콩, 대만, 마카오, 남아시아의 인도, 몰디브, 네팔, 유럽의 루마니아 등에 소속 선수 및 지도자가 진출하여 활동하고 있습니다.

스포츠 에이전트로서 꿈은 아시아 및 유럽, 미국 등에 더욱 많은 국가의 구단 및 협회와의 네트워크를 통해 소속 선수 및 지도자들에게 다양한 기회를 제공하고 나아가 세계의 각 지역에 지사를 둘 수 있을 만큼의 글로벌한 축구 에이전시로 성장하고 싶습니다.

• 에이전트를 꿈꾸는 이들에게 조언을 한다면요?

선수와 함께 성장하고 가치를 만들어 간다는 점에서 스포츠 에이전트는 분명 매력적인 직업이라고 생각합니다. 그러나 앞에서 언급한 바와 같이 스포츠 에이전트 업무는 다양한 변수가 도사리고 있습니다. 업무 패턴이 불규칙하고 회사 소속이 아닌 별도의 에이전시를 운영하거나 개인으로 활동하는 경우 수익이 불안정할 수도 있고 여러 시행착오와 어려움이 있을 수도 있습니다.

스포츠 에이전트로의 진로를 고려하는 데 있어서 다양한 정보를 취득하고 관련 경험을 해보길 바라며, 에이전트의 일부 화려한 모습에 취해 에이전트가 되고자 하는 것이 아닌지, 어떤 에이전트가 되고자 하는지, 어려움과 역경이 있더라도 반드시 에이전트로 성장하고 싶은 것인지 등에 대해 자신의 내면과 많은 대화를 해보셨으면 합니다.

국제 스포츠기구 내 한국인 에이전트 현황

국내에는 이미 국제기구에서 발급하는 자격증을 지니고 업무를 하는 에이전트들이 있다. 국제축구연맹FIFA, 국제농구연맹FIBA, 국제배구연맹FIVB은 에이전트 자격증을 활성화하기 위해 자격 요건과 시험을 통과한 자들을 대상으로 등록제를 운영하고 있다. 국내 에이전트는 외국인 선수의 국내 리그 진입을 돕는 역할을 주로 수행하지만, 일부 국내 에이전트는 내국인 선수의 해외 진출을 돕기도 한다.

FIFA 에이전트

현재 101명의 한국 국적의 에이전트가 FIFA에 등록되어 있다. 이들 중 일부는 이영표, 이천수, 박주호 등 국가대표급 선수들의 해외 이적을 추진한 지쎈, 수십 명의 K리그 선수를 거느린 월스포츠, 스퀘어스포츠, 인스포코리아, 박지성 선수를 해외에 이적시킨 FS코퍼레이션, 기성용, 이청용, 지동원 선수를 해외에 이적시킨 C2글로벌 등 이미 잘 알려진 에이전시에서 활약하고 있다. 에이전시를 운영하거나 에이전시에 소속되어 있는 에이전트 외에도 개인 에이전트도 상당수 활동하고 있다.

한국 국적을 갖고 FIBA^{International Basketball Federation}에 등록된 에이전트의 역할을 살펴보면 해외 농구 선수의 한국프로농구^{KBL} 입성을 도와주는 경우가 많은 것을 알 수 있다. 트로이 길렌워터, 애런 헤인즈, 아이라 클라크, 안드레 에밋, 리벤슨, 크리스 매시 등 KBL에서 정상급 활약을 펼친 선수들은 이처럼 에이전시의 도움을 받아 KBL에 입성했다. 특히, 1세대 농구 에이전트로 꼽히는 JD 스포츠 매니지먼트의 권재우 에이전트는 미국에서 선수를 발굴해 KBL 진입을 돕는 대표적인 인물이다. 아울러 여자 프로농구^{WKBL} 내국인 선수 코칭스태프들 역시 에이전트의 대상 고객이다. 에이전트의 도움을 받아 해외로 진출한 여자 농구 선수와 코칭스태프의 사례를 살펴보자. 김영옥 선수는 중국으로 진출해 헤이룽장 여자 농구팀 선수로 활약했으며, 신세계 감독과 KDB생명 코치를 역임한 이문규 감독은 상하이 옥토퍼스 구단의 지휘봉을 잡기도 했다. 2009년부터 3년 동안 국가 대표팀 사령탑을 역임하고 2013~2014시즌을 마지막으로 신한은행 감독직에서 물러난 임달식 감독은 중국 여자 프로 리그 산시 신루이의 지휘봉을 잡았으며 정선민이 한국인 최초로 WNBA 시애틀 스톰 구단에 진출할 때도 에이전트의 도움을 받았다.

FIVB 에이전트

2023년 FIVB^Fédération Internationale de Volleyball에 등록된 국내 에이전트는 모두 12명으로 알려져 있다. 하지만 김연경을 비롯한 일부 선수들은 실질적으로 매니지먼트 및 에이전트 계약을 맺고 있으나 대부분의 한국 선수들은 에이전트가 존재하지 않는다. 그 이유는 한국프로배구의 경우 한국의 4대 프로스포츠 중 유일하게 대리인(에이전트) 제도가 없기 때문이다. 다시 말해 한국프로배구의 경우 외국인 선수들만 에이전트들이 구단과 함께 일하고 있을 뿐이다.

한국 국적의 대표적인 배구 에이전트로 IM컨설팅의 임근혁 대표를 꼽을 수 있다. IM컨설팅은 월드 배구 스타인 김연경 선수와 매니지먼트 계약을 하면서 널리 알려졌다. 최근에는 이우진 선수가 이탈리아 리그로 진출하는 데 도움을 주기도 했다. 한국 국적의 배구 선수가 해외 리그로 진출하거나 외국 국적의 선수가 한국의 프로배구 리그에서 선수 생활을 하고자 할 때만 에이전트를 고용하고 있는 실정이다. 한국 배구 연맹은 프로배구는 전체 선수 풀이 넓지 않아 필요 시 구단 간 협상을 통해 대부분 이적이 이루어지고 있어 선수 계약 시 연봉 협상 이외에 에이전트의 역할은 아직 미미할 것으로 판단하고 있다. 하지만 에이전트 제도가 시행되지 않으면 해외 이적 갈등, 구단과 계약 분쟁, 임의 탈퇴 강요 등 프로배구에서 반복된 문제들을 막기 어려운 것 역시 사실이다. 한국프로배구가 양적·질적 성장을 하고 있고 아시아 쿼터 제도가 도입되는 등 프로배구 리그의 국제화를 지향하는 만큼 에이전트 제도의 도입이 필요할 것으로 보인다. 또한 배구 에이전트 제도의 도입과 정착으로 배구 산업의 발전을 도모할 수 있을 것이다.

9

미국과 일본의
에이전트 시장

일본프로스포츠는 일본프로야구[NPB]와 프로축구(J리그)를 중심으로 규모가 계속 성장하고 있다. 일본에서 가장 인기 있는 프로스포츠인 일본프로야구의 2023시즌 선수 평균 연봉은 4,468만 엔(약 4억 4,575만 원)이다. 국내 프로야구 선수의 평균 연봉인 1억 4,648만 원의 3배에 이르는 액수다. J리그의 선수 평균 연봉은 3,128만 엔(약 3억 1,180만 원)으로 K리그 1의 선수 평균 연봉인 2억 3,158만 원의 약 1.34배에 이른다.

일본프로스포츠의 시장 규모와 선수의 연봉 규모는 해마다 증가하고 있고, 선수들은 대리인 선임을 통한 계약 교섭을 원하고 있다. 그러나 스포츠 에이전트 업무를 규제할 수 있는 규정이나 제도가 미비하며 구단과의 이해관계로 에이전트 제도가 정착되지 못하고 있는 상황이다. 이번 장에서는 NPB의 에이전트 제도 도입 상황과 문제점을 중심으로 알아보고, 야구 이외의 다른 종목의 에이전트 제도 운영 현황에 대해서도 살펴보고자 한다.

NPB와 구단은 2000년 11월 구단주 회의에서 2000년 오프 시즌에 한해 선수 계약 갱신 교섭에 대리인이 관여하는 것으로 합의했다. 그 후 현재에 이르기까지 대리인의 계약 갱신 교섭이 가능하도록 하고 있다. 그러나 NPB는 에이전트 자격을 일본 변호사연합회 소속의 일본인 변호사에 한하며, 1명의 에이전트가 대리할 수 있는 선수는 1명으로 제한하고 있다. 이에 대해 일본프로야구선수회는 NPB가 정한 에이전트 자격과 요건이 다른 공인 선수 대리인 규약을 제정하고, 별도 공인 대리인 제도를 추진했다.

• NPB-선수위원회 대리인 제도 주요사항 비교

NPB 대리인 제도(잠정 조건)	선수협의회 대리인 제도 추진안
대리인 자격 : 변호사	대리인 자격 : 변호사, 대리인 시험 합격자, 아메리카프로야구선수회의 규약에 근거해 에이전트로 등록된 자.
복대리 : 대리인의 대리를 불인정.	보수 : 선수위원회에서 정한 보수 규정에 근거.
복수 선수와의 계약 금지 : 대리 계약을 체결할 수 있는 선수를 1명으로 제한함.	보고 의무 : 대리인 계약, 구단과 선수의 교섭, 계약 내용 등에 대해 선수회에 보고.
사전 통지 의무 : 대리인 교섭을 진행하기 1주일 전에 관련 사항 통지 의무.	감독 : 대리인의 금지 행위를 규정하고, 위반 행위를 한 대리인에 대해 등록 말소 등의 처분.

일본프로야구선수회가 추진한 공인 대리인 제도에서는 에이전트 자격을 변호사뿐만 아니라 선수회가 시행하는 대리인 시험에 합격한

자도 포함시키고자 했으며, 대리인 제도의 등록과 관리를 선수회에서 하도록 규정했다. 그러나 NPB는 일본프로야구선수회 공인 선수 대리인 규약을 승인하지 않고 있는 상태다.

에이전트 제도에 대한 인식은?

일본프로야구선수회Japanese Professional Baseball Players Association가 2000년 에이전트 제도 도입에 앞서 행한 설문조사에 대다수의 선수가 계약 교섭을 할 때 대리인을 통한 협상을 할 수 있게 하는 것이 바람직하다고 응답했다. 선수들은 첫째 에이전트를 통해 선수가 구단 담당자와 직접 교섭하면 말하기 어려운 부분을 얘기할 수 있다는 점, 둘째 선수 스스로 교섭과 연봉 조정을 할 경우 선수에 대한 부정적 이미지로 보도되는 점을 방지할 수 있다는 점, 셋째 외국인 선수에 대해 대리인 교섭이 인정되는 반면 일본인 선수에 대해 에이전트 제도를 인정하지 않는 것은 형평성에 어긋난다는 점, 넷째 오프 시즌 기간에 운동에 전념할 수 있다는 점을 들어 에이전트 제도에 찬성하고 있었다.

선수 측이 에이전트를 통한 교섭을 바라고 있는 반면, 구단은 선수들이 에이전트를 고용하면 구단과 선수 간의 신뢰에 타격을 입을 수 있다고 우려한다. 현재 에이전트 제도를 시행하고 있지만 구단 측은 사실상 에이전트를 통한 협상을 선호하지 않는다. 그 대표적인 예로 NPB의 최고 인기구단인 요미우리 자이언츠의 전 구단주 와타나베는 "요미우리 자이언츠 선수가 에이전트를 고용해 계약 교섭을 할 경우,

해당 선수의 연봉을 삭감할 것"이라고 엄포를 놓으며 에이전트 제도에 대한 강한 거부감을 드러냈다. 에이전트 제도에 대해 표면적으로는 인정하지만 MLB처럼 선수의 연봉 인상으로 인해 구단이 경영 압박을 받고 선수 간의 연봉 격차가 심화될 것이라는 우려로 에이전트를 통한 계약 교섭을 반대한다고 해석할 수 있다. NPB는 소위 '악덕 에이전트'가 교묘한 수법으로 선수에게 불리한 에이전트 계약을 체결하여 선수들이 폐해를 볼 수 있다고 지적한다.

일본의 에이전트 제도는 잘 시행되고 있는가?

일본프로야구 규약 제94조를 보면 "선수는 연봉 계약의 조건에 대해 만족하지 않아 구단과의 합의에 이르지 못할 경우, 연봉 조정을 신청할 수 있다"고 규정해 연봉 조정 신청 제도의 기틀을 마련했다. MLB에서는 계약 기간 3년이 지난 선수에 대해서만 연봉 조정 신청을 할 수 있는 자격을 부여하는 반면, NPB는 해마다 선수들이 연봉 조정을 신청할 수 있다. 1973년에 연봉 조정 신청 제도를 도입한 이후 총 6명의 선수가 연봉 조정을 신청했는데 그중 구단이 주장한 금액보다 많이 받은 선수는 단 2명이었다. 표면적으로 보면 연봉 조정 신청 제도를 통해 선수의 권익을 보호하고 있는 것으로 보인다. 그러나 연봉 조정 제도가 도입된 지 약 40년 동안 6명의 선수만 이를 신청했다는 것은 해당 제도가 선수에게 불리하게 작용하고 있다고 해석할 수 있다.

일본프로야구선수회는 선수들에게 불리하게 작용하는 연봉 조정 신청 프로세스를 보완하기 위해서라도 에이전트 제도가 활성화되어야 한다고 주장하면서 다음과 같은 불만을 제기했다. 규약상 선수와 구단의 조건 합의가 이루어지지 않으면 선수 측이 연봉 조정을 신청할 수 있지만 실제로 연봉조정위원회는 그 사안이 중대하거나 구단과 더 협상하기 어려운 상황을 제외하고는 선수에게 구단과 협상을 지속할 것을 권고하고 있어 연봉 조정 신청이 유명무실하다는 것이다.

2008년 일본 국가대표 출신 G. G. 사토가 NPB 역사상 7번째로 연봉 조정을 신청했던 것이 좋은 예다. 그러나 당시 퍼시픽 리그 회장인 타다오 코이케는 사토의 연봉 조정 신청을 보류하고 구단과 협상을 계속할 것을 지시했다. 선수가 구단과의 이견을 좁히지 못하고 연봉 조정을 신청해도 리그 차원에서 중재에 소극적이고 구단의 입장을 대변하는 태도를 취하여 선수들은 다시 협상 테이블에 복귀할 수밖에 없었다. 이에 따라 다시 협상을 진행하더라도 결국 구단이 제시한 조건을 수용할 수밖에 없는 상황이었다.

협상 테이블에서 일부 스타 선수를 제외한 나머지 선수는 고용주인 구단과의 계약에서 분명 약자이며, 협상력이 부족할 수밖에 없다. 따라서 협상 테이블에서 선수를 대신해 대등한 계약 당사자로서 목소리를 높여 선수의 권익을 보호하고 합당한 대우를 받을 수 있도록 에이전트 제도를 전면 도입할 이유가 충분하다.

NPB에서 연봉 중재 조정을 진행할 경우, 250점 만점의 체크리스트를 통해 선수 개인의 성적, 팀플레이와 정신력 등 객관적인 면과 주관적인 면을 동시에 평가한다. 일부 야구 관계자는 이런 체크리스트 시스템은 선수의 가치를 객관적이고 다방면으로 평가할 수 있고, 이를 연봉 협상에 활용할 경우 연봉 조정 신청이나 에이전트의 도움이 필요하지 않다고 주장한다. 하지만 만약 이런 체크리스트 시스템이 연봉 산정의 근거가 되면 에이전트가 없는 선수는 해당 기록에 대해 반박을 하고 싶어도 그에 대한 자료를 준비하는 것이 어려울 수밖에 없다. 특히, 정신력 같은 주관적인 요소를 평가받고 그것이 연봉 산정에 직접 반영되는 것은 선수 입장에서는 매우 억울할 수 있는 문제다. 이에 반해 에이전트를 보유한 선수라면 선수의 가치를 최대한 반영할 수 있는 기록과 지표를 협상에서 활용할 수 있고, 설령 체크리스트 시스템을 통해 구단이 선수를 평가하더라도 그에 대한 반박을 좀 더 수월하게 할 수 있다.

축구 분야에서 에이전트 제도는 국제 경기 단체인 FIFA가 이 연맹에 가입하는 나라와 지역을 대상으로 FIFA 선수대리인 규칙Player's Agent Regulations을 만들어 시행해왔다. 그러나 2015년 3월을 끝으로 에이전트 제도를 폐지하고 새로운 대리인 제도인 'Regulations on Working with Intermediaries'를 규정했다. 새로운 제도를 통해 에이전트 자격 요건(결격 사유가 없는 경우 누구나 가능)을 완화했고, 에이전트가 취득할 수 있는 수수료를 인하했다(3퍼센트). 또한 각 국가의 축구협회에서 해당 국가의 국내법과 실정에 맞게 대리인 제도를 제정하고 운영하도록 권장하였다. 하지만 최근 FIFA 에이전트 시험이 재도입되고, FIFA에서 공인 축구 에이전트를 선발 및 관리하고 있다. 즉 한국과 마찬가지로 일본 국적인 사람이 공인 축구 에이전트로 활동하기 위해서는 FIFA의 에이전트 시험을 합격하고 결격 사유가 없는 자만이 에이전트 활동을 할 수 있게 되었다. 현재 일본 국적의 에이전트역시 FIFA의 공인 에이전트 자격을 부여받아 세계 각국에서 활동을하고 있다.

프로야구, 프로축구와는 달리 농구와 배구에서는 에이전트 제도의 사례를 찾아보기가 쉽지 않다. 프로농구는, 국제농구연맹FIBA이 전세계를 대상으로 각 가맹국의 대리인을 일괄적으로 관할하고 있으며, FIBA 규칙에 근거해 일본인 2명이 공인 대리인으로 라이선스를 취득해 활동 중이다. 그러나 일본농구협회JBA는 프로 리그인 JBL을 포함해자국 농구 리그에서 독자적인 대리인 제도를 시행하려는 의지는 보이지 않는다. 프로배구는 축구와 마찬가지로 FIVB에서 대리인 인증 제도를 시행하고 있다. 그러나 일본배구협회는 프로 리그인 V리그를 포함해서 대리인에 관한 규칙과 규정을 제정해 공표하지 않는 등 대리인 제도가 아직 정비되지 않고 있는 상황이다.

미국의 에이전트 제도

미국 4대 프로스포츠 리그는 관련 사무국이나 협회에서 정한 규정대로 에이전트 자격에 대한 필요조건을 부여한다. 우선, 모든 리그에서 에이전트 등록비를 지정하고 있고, 신뢰성을 확보하기 위해 신원조회를 필수적으로 시행하고 있다. 뿐만 아니라 NFL, MLB, NBA는 각 협회에서 지정하는 시험을 통과해야 한다. 반면 리그별로 차이도 있다. MLB는 에이전트를 3가지 형태로 분류해서 자격을 부여한다. 선수 협상과 계약을 담당하는 MLBPA General Certified Agent, 이들을 보조하는 MLBPA Expert Agent Advisor, 선수 선발과 선수 건강 유지, 기타 서비스를 제공하는 MLBPA Limited Certified Agent 가 있다. NHL은 공개적으로 에이전트 선발 요건과 시험 과목, 날짜 등을 게재하지 않고 이력서를 통한 지원을 원칙으로 한다. 다만 NHL 에서 활동하는 에이전트를 모두 조회할 수 있게 해서 에이전트에 대

• **미국 4대 리그 에이전트 필요조건**

리그	필요조건
NFL	- 에이전트 등록비 : 2,500달러 - 석사 혹은 로스쿨 출신자 - 신원 조회 조사 통과 대상자 - 2일간의 세미나 교육 이수자 - 시험 통과자(객관식 시험 70점 이상) - 책임보험 가입 필수
MLB	- 에이전트 등록비 : 2,000달러 - 현 MLB선수의 에이전트로 등록 필수 - 신원 조회 조사 통과 대상자 - 필기시험 통과자
NBA	- 에이전트 등록비 : 250달러 - 5년 내 최소 1명 이상의 선수와 협상 필수 - 신원 조회 조사 통과 대상자 - 시험 통과자 (객관식 시험)
NHL	- 에이전트 등록비: 2,100달러 (연회비 없음) - 에이전트 자격 인증 프로그램(Agent Certification Program) 이수 - 신원 조회 조사 통과 대상자
MLS	- 에이전트 자격 인증 프로그램(Agent Certification Program) 이수 - 이력서(Application)를 통한 지원

한 신뢰도를 확보하고 있다.

미국 4대 프로스포츠 리그의 에이전트 시험은 에이전트의 기본 소양을 묻는 내용 위주로 연 1~2회 실시된다. NFL은 단체교섭협약 CBA, 샐러리캡과 선수의 이익에 관한 문제, NFL 선수협회 규정에 따른 계약 문제를 다루는 등 기본적인 에이전트의 소양을 묻는 시험을 진행한다. MLB도 기본 규정과 메이저 리그 규정, 에이전트 규정에 관한 시험을 치르며 금지 약물에 관한 시험도 별도로 치르고 있다. NBA 도 CBA 에이전트에 관한 규정, 선수를 대변하는 과정에서 생길 수 있는 문제를 다루는 등 기초적인 것을 시험 내용으로 정하고 있다. NHL

◦ **미국 4대 리그 에이전트 시험 현황**

리그	시험	
	시험 개요	출제 내용
NFL	- 연 1회 시행 - 접수 일시 : 1월 5일~2월 5일	- CBA(Collective Bargaining Agreement) - 팀 연봉 상한액(Salary Cap) - 선수의 권익(Player Benefits) - NFLPA 규정 계약 관리(NFLPA Regulations Governing Contract Advisors)
MLB	- 연 2회 시행 - 접수 일시 : 8월 시험은 7월 1일까지, 1월 시험은 전년 12월 1일까지 - 영어, 스페인어 형태 운영 - 필기시험(Multiple Choice Questions, 오픈 노트)	- 기본 규정(Basic Agreement) - 메이저리그 규정(Major League Rules) - 금지 약물 규정(Joint Drug Agreement) - 에이전트 규정(The Agent Regulation)
NBA	- 연 1회 시행 - 접수 일시 : 4월 1일~6월 1일 - 필기시험(Multiple Choice Question, 50문제, 오픈 노트, 3시간)	- NBA Collective Bargaining Agreement - NBAPA Regulations Governing Player Agents & Other Issues Relevant To Player Representation
NHL	- 관련 시험 없음	

리그	시험	
	유지 조건	연회비
NFL	- 개인 보증 보험(Professional Liability Insurance) - 매년 세 차례 열리는 NFLPA 세미나 중 1회 참석 - 매년 기준 업데이트된 이력서(Application) 제출 - 3년 동안 1명 이상의 선수와 협상과 계약	- 관리 선수 규모 기준 - 10인 미만 : 1,500달러 - 10인 이상 : 2,000달러
MLB	- 정규적으로 에이전트 등록자료 업데이트 - 정규 회의 참석 - 기타 사무국에서 요구하는 자료 제출 - 3년 동안 1명 이상의 선수와 협상과 계약	- 연회비 : 1,500달러 - 등록비 : 2,000달러
NBA	- 고객 선수 총 연봉의 3% 이상 수수료 부과시 자격 박탈 - FIFA 징계 규정 위반시 자격 박탈	- 관리 선수 규모 기준 - 10인 미만 : 2,500달러 - 10인 이상 20인 미만 : 5,000달러 - 21인 이상 : 7,500달러
NBA	- 고객 선수 총 연봉의 3% 이상 수수료 부과시 자격 박탈 - FIFA 징계 규정 위반시 자격 박탈	- 50달러
NHL	- 자금 횡령, 절도, 사기 - 과거 NHL선수 협회로부터 자격 정지 받은 경우	- 연회비 없음

은 앞서 언급한 바와 같이 특별한 시험을 치르지 않고 있다.

　미국 4대 프로스포츠 리그의 에이전트 유지 조건에는 크게 연회비 납부, 이력서 업데이트, 세미나 참석, 3년 내 실적 보유 등이 있다. NFL에서는 에이전트가 관리하는 선수를 10명 기준으로 연회비에 차등을 두고 있다. MLB에서는 3년 동안 선수 1명 이상, 그리고 NBA에서는 5년 동안 선수 1명 이상과 계약을 해야 에이전트로서의 자격을 유지하게 하고 있다. NBA에서는 NFL과 마찬가지로 에이전트가 관리하는 선수가 1~10명, 11~20명, 20명 이상 등으로 나누어 연회비에 차등을 두고 있고, MLB와 달리 5년 동안 1명 이상의 선수와 협약을 해야 에이전트 자격을 유지할 수 있게 한다. 세미나는 특별한 제한 없이 캐주얼한 복장으로 진행되지만, NFL은 세미나에 오디오나 비디오 기계를 이용한 사진 촬영 혹은 녹음은 절대 하지 못하게 한다. 이 규정을 어길 경우, 세미나에 참석하지 못하게 하는 등 내용의 보안에 힘쓰고 있다.

스포츠 에이전트에 대한
오해와 진실

10

에이전트,
너무 믿지 마라 I

에이전트의 도움을 받아 선수가 성공한 사례는 쉽게 찾아볼 수 있다. 그러나 결코 간과해서 안 될 부분이 있다. 그것은 에이전트가 재능 기부자나 자원봉사자가 아니라는 사실이다. 그 들은 선수의 가치를 극대화해서 자신의 이익을 실현하는 일종의 '상호 보완적 관계에 있는 비즈니스 파트너' 정도로 이해할 수 있다. 처음에는 서로에게 깊은 신뢰를 갖고 '선수 고객―에이전트' 관계를 형성했다가도 시간이 지나면서 서로에 대한 신뢰에 금이 가고 분쟁이 발생하는 일이 종종 있다. 이런 경우 선수든 에이전트든 피해 규모가 걷잡을 수 없이 커지면 법에 호소할 수밖에 없는 상황이 된다. 선수가 에이전트를, 에이전트가 선수를, 혹은 에이전트가 에이전트를 고소하는 등 에이전트 계약과 관련된 이해 관계자는 누구든 소송 대상 이 될 수 있다.

에이전트 분쟁 : 국내 선수 관련 사례

• A선수-B매니지먼트 소송

에이전트 회사인 B매니지먼트는 2012년 4월에 A선수와 계약 기간 2년, 계약금 6,000만 원의 에이전트 계약을 체결했다. 계약서에는 아마추어 기간에 용품 후원사에서 받은 수익에 대해 에이전트에 수수료를 지급하지 않도록 되어 있었다. 그러나 B매니지먼트는 A선수가 용품 후원사인 나이키에서 받은 수익에 대해 1,200만 원의 수수료를 챙겼고, 선수 측은 적극적 기만 행위를 이유로 2013년 5월에 에이전트시에 계약 해지를 통보했다. B매니지먼트는 에이전트 계약을 일방적으로 해지했음을 이유로 A선수에게 1억 5,000만 원을 배상하라고 소송을 제기했다. 재판부는 B매니지먼트 대표가 스스로 작성한 계약 조건과 달리 수수료 지급의 예외가 되어야 할 나이키 후원 계약금에 대해 수수료를 받은 것은 계약 위반에 해당한다. A선수가 한 계약 해지 통보는 정당하다고 판결했다. 아울러 A선수가 처음부터 다른 에이전트와 계약할 마음으로 B매니지먼트에 대해 계약 해지를 통보했다고 인정할 증거도 없다고 설명하면서 원고 패소 판결을 내렸다.

• C선수-D에이전시 소송

선수 C는 2005년 1월부터 2006년 12월까지 D에이전시와 에이전트 계약을 체결했다. 그러나 선수 C는 계약 기간이었던 2006년 7월 계약 해지를 통보했고, 에이전트 측은 일방적 계약 해지를 이유로

법원에 손해 배상 청구 소송을 제기했다. D에이전시는 계약 체결 대리권과 독점적 권한을 갖고 계약 기간 동안 선수 C를 대신해 연봉 협상과 광고 출연 등의 업무를 수행했는데도 선수 측이 일방적으로 계약 해지를 통보하고 타 에이전트와 연봉 재협상을 진행해 계약 의무를 불이행했다고 주장했다. 아울러 선수 C가 소속팀에서 받은 연간 수입 중 세금을 뺀 금액의 10퍼센트에 해당하는 액수를 수수료로 지급하고, 소속팀과의 계약 기간 4년 동안 받는 금액의 10퍼센트인 7억 1,000여만 원과 광고 계약 관련 수수료 등 총 9억 930여만 원을 지급할 것을 주장했다. 양측은 재판 도중 3억 9,000만 원을 배상하는 것으로 합의함으로써 소송을 마무리했다.

• E선수-F에이전시 소송

축구 선수 E는 F에이전시와 2003년 8월 매니지먼트 계약과 2005년 5월부터 2007년 5월까지 계약 기간 2년에 해당하는 에이전트 계약을 각각 체결했다. 선수 E는 에이전트 계약 체결 후 팀을 이적하면서 3년간 총 27억 원의 연봉 계약을 체결했지만 이 과정에서 연봉 협상, 용품 후원과 광고 출연비 등에 대한 수수료를 지급하지 않았고, 에이전시는 이에 대한 소송을 제기했다.

• G에이전시-H에이전시 소송

선수 I는 미국계 에이전시인 G에이전시와 2006년 5월부터 2010년까지 에이전트 계약을 체결했다. G에이전시는 전속 계약을 체결해 선수와 관련된 수익 사업을 개발하고 그 대가로 수익의 일정 부분을 받기로 했다. 이후 H에이전시는 2007년 4월 G에이전시와 접촉해 밴쿠버 올림픽까지 소요되는 경비 중 5억 원을 부담하고, G에이전시와 수익을 나누자고 제안했으나 협상이 결렬되었다. 협상이 결렬된 후 선수 I는 G에이전시와 계약을 해지하고 H에이전시와 에이전트 계약을 체결했고, 이에 G에이전시 측은 H에이전시를 상대로 20억 원의 손해 배상 소송을 청구했다. 재판부는 H에이전시가 G에이전시와 선수 사이에 계약이 체결된 사실을 알고 있었고, 선수가 G에이전시에 계약 해지를 통보하고 며칠 후 새 계약을 체결한 사실을 인정하면서도 H에이전시가 선수와 적극 공모했다거나 선수에게 기망, 협박 등 사회 상규에 반하는 수단을 사용했다는 것을 인정하기 어렵다고 판결함으로써 원고인 G에이전시에 패소 판결을 내렸다.

• J선수-K에이전트 소송

축구 선수 J는 고교 1학년이었던 2008년 7월 당시 에이전트 K와 프로 전향 이후 계약 기간 3년의 독점 매니지먼트 계약을 체결했다. 그러나 선수가 계약 만료 전인 2011년 1월 다른 에이전트를 통해 일본 J리그 구단에 입단하자 에이전트 K는 법원에 계약 위반으로 손해 배상 청구 소송을 제기했다.

재판부는 선수가 계약에서 정한 기간이 종료되지 않은 상태에서 독점적인 대리권을 갖는 전 에이전트 K 모르게 다른 에이전트를 통해 입단 계약을 체결하는 등 전속 계약 위반으로 인한 손해를 배상할 책임이 있다며 전 에이전트에게 3,000만 원의 위약금을 배상하도록 판결했다.

• L선수 해외 이적 관련 이중 계약

축구 선수 L은 네덜란드, 독일, 벨기에 등 유럽 축구 리그의 이적 협상에 관한 독점적 권한을 주기로 A에이전트와 전속 계약을 체결했다. 그러나 이적 협상이 늦어지자 선수 측은 에이전트 계약을 일방적으로 해지하고, 독일 축구 구단 전임 에이전트의 도움을 받아 입단 테스트를 거쳐 네덜란드 축구 구단에 입단했다. A는 선수 측이 어떤 위임이나 통보도 없이 입단 계약을 체결해 에이전트 전속 계약을 위반했다고 주장했고 이에 대해 2억 원의 손해 배상 청구 소송을 제기했다. 재판부는 선수의 이적 협상에 관한 독점적 권한을 보유하고 있는 원고 A를 배제한 채 제3자를 에이전트로 삼아 이적한 행위 등은 에이전트 전속 계약에 정한 의무를 위반한 것이라며, 원고인 에이전트 A에게 1억 5,000만 원을 배상하라고 판결했다.

• 해외 구단 입단 사기

프로축구 선수 에이전트인 B는 2008년 3월부터 2011년 1월까지 일본 J2 리그 프로팀에 자녀를 입단시켜주겠다고 속여 학부모 10여 명에게 알선료 명목으로 2억 7,000여만 원을 수수했다. 재판부는 일본 프로팀 입단이나 유명 대학 입학 등을 명목으로 돈을 가로채고, 축구 선수로 성장하려는 어린 선수와 가족들의 궁박한 사정을 이용해

개인적인 이득을 취하는 것은 사기죄에 해당한다며 에이전트 B에게 징역 1년 6월에 집행유예 2년, 사회봉사 120시간을 선고했다.

• 용병 선수 계약금과 연봉 계약 사기

축구 선수 에이전트 C는 국내 프로축구단에 외국인 선수의 영입 계약을 중개하면서 외국인 선수가 원하는 계약금, 연봉 등을 부풀려 구단과 계약을 체결하게 한 후, 외국인 선수에게 해당 선수의 실제 계약금, 연봉을 제외한 나머지 금액을 돌려받는 방법으로 차액을 편취하기로 공모했다. 에이전트 C는 외국인 선수에게 대체 선수 계약이기 때문에 계약금 없이 매월 1만 달러의 급여를 받는다고 했고, 외국인 선수는 그 금액에 구단 선수로 활동하기로 동의했다. 외국인 선수가 원하는 급여는 월 1만 달러임에도 에이전트 C는 구단에 선수가 월 2만 달러를 원한다고 전달했고, 그 금액이 전액 선수에게 지급되는 것처럼 이야기해 구단을 기망했다. 이에 속은 구단은 해당 외국인 선수에게 월 2만 달러의 급여를 지급한다는 조건으로 영입 계약을 체결했다. 에이전트 C는 구단이 외국인 선수 명의의 금융 계좌로 입금한 1만 9,340달러 중 해당 선수의 실제 월 급여인 1만 달러를 제외한 나머지 9,340달러를 선수 계좌에서 인출하는 방식으로 해당 금액을 편취했다. 재판부는 계약금의 차액을 자신이 취득할 목적으로 선수에게 지급하기로 약정된 계약금을 구단에 알리지 않은 행위는 일반 상거래 관행과 신의칙에 비춰 허용될 수 있는 범위를 넘어선 것으로, 기망행위에 해당한다고 판시해 사기죄 성립을 인정했다.

• 선수-에이전트 이적료 반환 분쟁

프로축구 A구단은 2010년 에이전트 D의 중개로 불가리아 리그에서 뛰고 있는 선수를 이적료 85만 달러에 영입하기로 하고, 당시 선수의 소속팀에 60만 달러를 선지급했다. 그러나 두 팀 간에 이적료 다툼이 생겼고, 이 다툼으로 선수는 원소속 팀으로부터 17만 달러를 받지 못했다. 에이전트 D는 구단에게 받기로 한 중개료 15만 8,000달러 중 3만 달러만 받게 되었다. 에이전트 수수료를 받지 못한 D는 A구단이 원소속 팀에게 줘야 할 이적료 25만 달러에 대한 가압류를 신청했다. 2012년 선수와 A구단은 사태 해결을 위해 에이전트 D의 가압류 취하를 전제로 한 합의서를 작성해, 그 사본을 이메일로 원소속팀과 에이전트 D에 발송했다. 원소속 팀은 합의서에 동의해 서명을 했고, 마지막으로 세 명의 서명이 든 합의서 사본을 받은 에이전트 D는 서명을 한 뒤 사진을 찍어 합의서 사진 파일을 원소속 구단과 선수에게 이메일로 전송했다. 그러나 에이전트 D는 이후 가압류를 취하하지 않고 압류 명령을 받아 1억 6,000여 만 원을 받았다. 선수는 에이전트 D와 A구단을 상대로 제소했으나 1심은 "선수가 당사자 3명이 서명한 합의서 원본을 소지하고 있지 않고, 원본의 존재도 인정할 수 없으므로 합의가 성립되었다고 보기 어렵다"며 원고 패소 판결을 내렸다. 그러나 2심에서는 "에이전트 D가 이적료와 관련해 선수와 구단 A, 선수의 전 구단의 서명이 들어간 합의서에 서명을 한 뒤 이를 촬영한 사진 파일을 최초 서명자인 선수와 구단 A에 보낸 점 등을 볼 때 4명(선수, 구단 A, 원 소속 구단, 에이전트 D) 사이의 합의가 성립됐다고 봐야 하고,

선수가 4자 합의서 원본을 갖고 있지 않았다는 사정만으로는 합의가 없었다고 보기 어렵다"고 판결했다. 이어 "에이전트 D가 구단 A가 원소속 구단에게 줘야 할 25만 달러에 대한 가압류를 취하해야 하는데도, 합의를 무시한 채 압류와 추심 명령을 받아 25만 달러 중 약 15만 달러를 챙겨 선수가 이적료 17만 달러를 받지 못했으므로 에이전트 D는 선수에게 17만 달러를 지급하라"며 원고 일부 승소 판결을 했다.

• 대학 축구부 진학 명목으로 금품 수수

전 지방 대학 축구 선수이며 에이전트로 활동한 F는 대학 축구계 인맥과 구단 관계자들과의 인맥을 과시하며 대학 진학을 앞둔 고등학교 축구 선수의 학부모에게 접근했다. 에이전트 F는 평소 친분이 있는 고등학교 축구부 감독의 소개로 만난 학부모에게 OO대학교 총장과 친분이 있다며 축구 특기생으로 수시입학시켜주겠다고 로비 자금 명목으로 5,000여만 원을 요구했다. 같은 학교 축구부의 또 다른 학부모에게도 OO대학교 축구부장 교수와 친분이 있다며 해당 대학 축구부에 수시 입학을 위해 교수에게 줄 로비 자금 3,000여만 원을 요구함으로써 도합 8,000여만 원을 편취한 혐의로 구속 기소되었다.

• 선수 – 에이전트 계약서 분쟁

프로축구 구단 A는 2009년 2월 구단 B에서 방출되어 임의탈퇴 신분이던 선수를 영입하며 선수의 이적권을 갖고 있던 네덜란드 구단 C에 우리 돈 약 7,500만 원, 구단 B에 선수의 임의탈퇴 해지 보상금으로 3억 800만 원 등 약 3억 8,300만 원의 거액을 투자해 영입했다. 이에 구단 A는 선수와의 계약을 진행하며, 연봉에 대한 백지위임과 계약 기간 중 팀을 떠날 경우 위약금으로 구단에 3억 7,500만 원을 지급한다는 내용에 합의할 것을 요구했다. 선수 측은 위약금과 관련한 부분을 받아들일 수 없다고 했지만, 계약 체결을 대리 진행한 에이전트 K는 본인 명의로 위약금 부분이 명시된 계약서에 사인했다. 그런데 원소속 구단인 C가 그 선수에 대해 사우디아라비아 구단 D로 완전 이적을 추진하고, 이를 받아들인 선수가 이적을 결심하고 구단 A를 무단으로 이탈하게 되었다. 이에 A구단은 에이전트 K와 체결한 계약을 근거로, 선수와 해당 에이전트를 상대로 위약금 소송을 진행했다. 광주고등법원 제1민사부는 손해 배상 청구 소송 항소심에서 에이전트 K와 선수가 각각 2억 4,000만 원과 2,000만 원을 배상하라고 판시했다. 이는 위약금 반환과 관련해 에이전트 K가 선수 측의 동의를 확인하고 진행했는지 여부가 쟁점이 된 사례다.

• 선수 & 에이전트 신분 위조 논란

국내 여자 프로농구^{WKBL} A구단 소속으로 활약한 선수 B는 조모가 한국인이라고 주장하며 입단할 당시 구단 측에 본인과 부친의 출생증명서를 제출했다. WKBL 규정인 '부모 또는 조부모가 한국 사람이면 해외동포 선수로 토종 선수와 같은 자격을 부여한다'는 조항에 따라 선수 B는 국내 선수 자격으로 활동했다. 선수가 구단에 입단하는 과정에서 혈통을 의심하는 다른 구단과 언론에 서 많은 말이 나왔지만 구단은 선수가 제출한 미국 플로리다주 명의의 본인 출생증명서, 미국 국무부 명의의 부친 L씨 출생증명서, 친할머니라고 주장한 한국인 L씨의 사망증명서를 근거로 적극 소명 작업에 나섰고, WKBL 측이 이를 받아들이면서 선수 문제는 한동안 수면 밑으로 가라앉아 있었다. 하지만 선수가 대한농구협회와 대한체육회의 추천을 거쳐 특별귀화 추천대상자로 선정된 이후 법무부 국적심의위원회의 검토 과정에서 서류 위조가 의심되는 정황이 드러났다. 그러자 선수의 혈통 문제가 다시 불거졌고 검찰이 수사에 나섰다. 검찰의 수사 결과 선수의 신분과 관련된 서류가 조작되었음이 판명되었고, 구단은 서류 위조 혐의를 주도한 선수와 그의 에이전트에 대해 강력한 법적 조치를 취할 뜻을 밝혔다.

• 무자격 동남아 축구 에이전트

동남아 축구 리그에 대한 팬들의 관심이 높아지고, 해마다 규모가 커지면서 한국 선수의 진출이 활발해지고 있다. 과거 국가 대표 경력이 있는 선수뿐만 아니라 K리그에서 뛰던 선수 중 여러 명이 태국, 베트남 등 동남아 지역의 다양한 축구 리그에서 선수로 활동하고 있다. 그러나 선수들의 절박함을 악용하는 에이전트에 의한 피해가 종종 발생하고 있다. 현지에서 중개인으로 활동하는 에이전트의 상당수가 FIFA의 공식 인가를 받지 못한 무자격 에이전트다. 그중에는 아마추어 축구계에서 물의를 일으킨 채 한국을 떠난 뒤 태국 등 동남아시아에 안착한 전직 축구학원 감독 출신이 있다. 이들은 입단 테스트를 빌미로 항공료와 체류비 명목으로 300여만 원을 요구하고, 나중에 입단에 성공하면 앞서 받은 300만 원을 선수 측에 돌려주되 구단—선수 간 계약금 일부를 챙기고 있다. 물론 입단에 실패하면 선수는 선불로 지급한 300만 원을 고스란히 날릴 수밖에 없는 구조다. 이런 현실을 잘 아는 유력 에이전트는 "만약 입단 테스트를 허용한 해당 구단과 이들 무자격 중개인이 서로 짜고 이런 일을 벌인다면 선수는 미래를 보장받지 못할뿐더러 손해만 입는다. 선수들도 향후 중개인의 정체를 철저히 확인해봐야 한다"고 조언했다.

동남아 시장은 국내 대형 에이전트의 주요 활동 무대가 아니다. 정보와 전문성이 부족하고 스타급 선수가 아닌 이상 유럽, 일본 시장에 비해 금액상 큰 매력이 없기 때문이다. 그렇기 때문에 검증되지 않은 에이전트 또는 에이전트를 사칭하는 사람이 다수 활동한다. 태국 리그를 전문으로 활동하는 정현민은 "프로나 내셔널리그에서 짧게 활동하고 방출된 선수, 대학 졸업 후 입단에 실패한 선수에게 태국 리그 테스트를 제의하는 방법으로 1인당 350만~400만 원의 테스트 비용을 받는다. 무엇보다 핵심은 현지 구단과 테스트에 대해 논의된 것이 없는 상황에서 우선 선수만 현지로 데려와서 미리 해놓은 작업을 통해 팀 연습 경기에 잠깐 출전하게 한다. 해당 클럽은 선수에 대한 정보도 없고 심지어 외국인 선수 영입 계획이 없는 경우도 있을 뿐만 아니라, 선수들은 정상 컨디션이 아니기 때문에 좋은 평가를 받기 어려우니 결과는 뻔하다. 이런 선수들을 분기마다 10명, 20명씩 데리고 간다고 생각해보라"며 시장의 열악한 상황을 전했다.

• 자격 정지 에이전트의 활동

에이전트 G는 2009 KBL 외국 선수 드래프트에서 한 구단이 2라운드 10순위로 지명한 선수의 에이전트를 맡았다. 그러나 이 선수는 2006년 호주 리그 시드니 킹스에서 성폭행 범죄를 저지른 사실이 발각되어 소속 팀에서 방출됨과 동시에 성폭행 혐의로 기소되었고, 결국 2007년 8월 징역 9개월을 선고받고 강제 추방되었다. 국내에서도 이런 사실이 드래프트가 끝난 후에 뒤늦게 발각되어 이 선수는 2009년 10월에 제명되었고, 그를 소개해준 에이전트 G는 2012년까지 3년 동안 국내 활동 정지라는 징계를 받았다. 당시 KBL은 에이전트를 규제할 만한 마땅한 규정이 없어 KBL 상벌 규정인 선수의 계약 위반 또는 계약 파기 규정에 의거해 에이전트에 해당 징계를 내린 것이다. 그러나 에이전트 G는 징계 기간인 2011년에 다른 에이전트 C를 대리인으로 세워 구단과 선수의 계약 체결을 진행했다. 에이전트 C는 단지 계약의 주체일 뿐 실질적인 모든 업무는 에이전트 G가 진행했다. 이후 KBL은 에이전트 제도로 발생한 폐단을 해결하기 위해 에이전트 등록제를 시행해 사전에 KBL에 등록된 자에 한해 에이전트 자격을 부여하도록 규정을 개정했다.

• 프로축구 구단 무자격 에이전트 논란

2013년 K리그 소속이었던 한 구단은 2부 리그로 강등된 이후 선수 이적을 위해 5명의 에이전트를 선정했으나 이 중 2명이 '일시 자격 정지' 상태인 무자격 에이전트인 것으로 드러났다. 이에 구단은 대한축구협회에 등록된 에이전트를 선정했지만 관련 자료가 업데이트 되지 않아 이런 일이 벌어졌다고 항변하며 무자격 에이전트가 선수 이적 계약을 체결하지는 않았고 다른 3명의 유자격 에이전트들이 성 사시켰다고 주장했다. 자격이 정지된 에이전트가 선수 이적을 성사시 킬 경우 선수와 구단 간에 문제가 생기면 선수가 보호받지 못한다. 만 약 선수 이적을 위해 구단이 무자격 에이전트를 선임했다는 것이 사 실로 드러난다면, 구단이 선수의 권익 보호에 얼마나 무책임하고 안 일한 태도로 일관했는지 보여주는 결정적 증거가 될 것이다.

• 해외 구단 입단 사기

대학 축구 선수였던 강 모 씨 형제는 2009년 12월 축구 에이전트 H에게 "일본 J2 리그 프로팀에 입단시켜주겠다"는 제안을 받았다. 강 씨 형제는 알선 대금으로 4,500만 원을 에이전트 H에게 건네고 휴학 까지 했다. 그러나 돈을 받은 에이전트는 그대로 잠적해버렸다. 강 씨 형제는 결국 선수 생활을 접은 뒤 군에 입대했고, 현재는 정신적 충격 으로 은둔 생활을 하고 있다.

이 외에도 에이전트 대표로 활동하고 있는 정 모 씨는 2008년 3월 부터 2011년 1월까지 FIFA가 인정한 에이전트 자격이 없음에도 벨 기에 등 해외 프로팀이나 K리그 팀에 입단시켜주겠다고 속여 피해자 16명에게 알선료 명목으로 4억 5,000만 원을 챙긴 혐의를 받고 있다.

11

에이전트,
너무 믿지 마라 II

해외 스포츠 에이전트 시장은 이미 안정기를 지나 포화 시장으로 가는 길목에 있다. 또한 정상급 선수를 향한 에이전트 간의 물밑 다툼은 점점 치열해지면서 법정에서 시시비비를 다투는 에이전트 관련 분쟁이 늘고 있다.

에이전트 분쟁 : 해외 선수 관련 사례

• 재무 전문 에이전트의 사기 행각

2015년 NBA 샌안토니오 스퍼스의 슈퍼스타 팀 던컨은 오랫동안 그의 재산을 관리해온 재무설계사인 찰스 뱅크스에게 100만 달러의 손해 배상 소송을 제기했다. 던컨은 뱅크스가 그동안 자신의 재산을 담당해오면서 자신의 서명을 도용했을 뿐만 아니라 자신에게 돌아올 자금 일부를 은닉하는 등 재정적으로 손해를 입힌 혐의로 소송을 제기한 것이다.

2013년에는 우리에게 잘 알려진 전설의 복싱 선수 마이크 타이슨이 던컨과 유사한 사건으로 그의 재무설계사였던 브라이언 아우랜드와 그의 회사인 SFX 재무 자문 경영 기업에 손해 배상 소송을 제기했다. 마이크 타이슨의 변호인은 아우랜드와 SFX가 타이슨의 은행 계좌에서 자금을 빼돌렸고 결국 총 500만 달러가 넘는 금전 손해를 입혔다고 주장했다. 같은 해 MLB에서 활약했던 마이크 스웨니가 그의 전 재무 브로커 랄프 잭슨 3세와 USB 재무서비스 회사를 상대로 소송을 제기했는데, 이 회사의 잘못된 투자로 총 760만 달러가 넘는 손해를 입었다고 했다.

• 고객을 이용한 스포츠 에이전시 대표의 도박

에이전트 관련 법의 허술한 규정을 악용해 수익을 올리는 사람들이 점점 늘어나고 있다. 특히 스포츠 에이전시에 소속된 일부 악덕 직원이 자기들이 관리하는 선수에 관한 내부 정보를 이용해 불법 스포츠 도박에 고액을 베팅해 부당한 수익을 올리는 정황이 속속 발각되고 있다. 스포츠 에이전시 산업을 이끌고 있는 글로벌 에이전시 중 하나인 WME-IMG(전 IMG 월드와이드)의 대표였던 테드 포스트만은 2010년 회사가 매니지먼트를 대리하는 선수 중 한 명인 로저 페더러가 참가하는 테니스 대회인 프랑스 오픈에 고액을 베팅해 엄청난 수익을 올렸다. 이러한 사실을 전해 들은 포스트만의 오랜 친구이자 사업 동반자인 제임스 아게이트는 포스트만이 "선수에 관한 내부 정보를 이용해 불법으로 고액의 수익을 올렸다"며 소송을 제기했다. 이에 대해 당시 IMG 월드와이드는 포스트만이 페더러가 경기에서 이긴다고 베팅해 4만 달러가 넘는 손실을 입었다고 반박한 바 있다.

• 악덕 재무설계자 소개

과거 NFL 와이드 리시버로 활약한 테렐 오웬스는 자신의 에이전트였던 드류 로젠하우스와 제이슨 로젠하우스 형제를 고객 충실 의무 fiduciary duty 불이행, 사기, 그리고 직무유기를 이유로 650만 달러의 손해배상 소송을 제기했다. 특히 로젠하우스 형제가 소개한 재무설계사인 제프 루빈이 자신의 자산을 유용했을 뿐만 아니라 사업성이 낮은 앨라배마의 카지노 사업에 잘못 투자해 500만 달러의 손해를 보았다고 주장했다. 또한 이 금액을 부동산 사업에 투자했을 경우 150만 달러의 수입을 올릴 수 있었다는 사실을 소송에 포함시켰다. 앨라배마 카지노 사업에 투자한 NFL 선수는 32명에 이르는데, 총 4,000만 달러의 손실을 입은 것으로 알려졌다. 문제는 선수들을 보호해야 할 에이전트가 오히려 무분별한 사업을 계획하는 악덕 혹은 무자격 투자 전문가를 소개해 피해를 입는 사례가 점점 더 증가하고 있다는 것이다.

• 깊어지는 에이전트 간의 반목과 소송

최근에 경쟁이 치열해지면서 에이전트들은 정상급 선수를 고객으로 만들기 위해 온갖 수단을 동원하고 있다. 예를 들면 풋볼이나 농구 유망주로 각종 언론에 오르내리는 아마추어 선수에게 접근해 용돈을 주거나 고가의 자동차까지 제공하면서 그들을 고객으로 유치하려 한다. 하지만 아마추어 선수는 학교의 허가 없이 에이전트와 접촉 하는 것 자체가 규정에 어긋난다. 이런 사실을 잘 알고 있는 에이전트들은 선수의 가족이나 친지에게 접근해 특정 선수를 고객으로 유치하려 하는데 이 역시 규정에 어긋나기는 마찬가지다.

경쟁이 심해지면서 다른 에이전트와 이미 계약한 선수를 빼 오기 위한 물밑 작전도 벌어지곤 한다. 이 과정에서 선수와 동시에 에이전트도 스카우트하는 경우가 많다. 선수와 에이전트를 모두 빼앗긴 기존의 에이전시는 새로운 에이전시와 에이전트를 상대로 소송을 제기하곤 한다. 미국의 수영 스타인 마이클 펠프스를 포함, 유수의 선수를 관리하는 옥타곤이 이러한 소송의 중심에 서 있다.

더그 헨드릭슨은 과거 옥타곤 풋볼 담당 에이전트로 경력을 쌓으면서 급격히 성장했다. 헨드릭슨이 업계에서 명성이 자자해지자 2012년 렐러티버티 스포츠에서 그를 스카우트했는데, 이 과정에서 문제가 생겼다. 그가 옥타곤에서 근무했을 때 서명한 계약서에 있는 '업무 제한restrictive covenant' 조항 때문이었는데, 이에 따라 1년 안에 다른 에이전시로 이직할 수 없었다. 업무 제한 조항은 대부분의 에이전시 고용 계약서에 포함되는 내용이었는데, 이 조항이 '캘리포니아 비즈니스와 직업 규정California Business and Professions Code'에 어긋난다는 취지의 소송이었다. 특히 헨드릭슨은 옥타곤을 떠날 때 함께 근무했던 또 다른 유능한 에이전트를 데려갔다. 그 후 또 한 명의 옥타곤 풋볼 에이전트인 앤디 로스가 회사를 떠나면서 옥타곤은 큰 위기를 맞게 되었는데 이러한 업계 분위기는 점점 더 공식화되어가고 있다.

NBA에서도 이와 비슷한 사건이 있었다. 미국에서 유명한 에이전시인 와서먼^{Wasserman} 그룹은 유망 NBA 선수 2명과 계약을 했다. 한 명은 브루노 카보클로로, 2014년 전체 20번째로 드래프트 되어 토론토 랩터스에서 활약했고 2017년 여름이면 다른 구단으로 이적이 가능한 상황이었다. 다른 한 명은 엠마누엘 무디아이로, 그 지난해 NBA 드래프트에서 전체 7번째로 덴버 너게츠에 지명되었으며, 2018년 여름에 다른 구단으로 이적할 수 있다. 이들은 와서먼 그룹과 에이전시 계약을 하기 전에 각각 인디펜던트 스포츠 그룹^{Independent Sports Group}과 라이벌 스포츠 그룹^{Rival Sports Group}이라는 에이전시와 계약을 맺었지만, 두 선수 모두 언더아머를 제외하고는 어떠한 광고 계약도 맺지 못한 것에 불만을 갖고 와서먼 그룹과 새로 에이전시 계약을 한 것이다. 선수의 가치가 올라가고 동시에 에이전시도 많아지면서 서로 우수한 선수와 계약을 하기 위해 치열한 물밑 전쟁이 한창이다.

• 성공한 선수를 등치는 일부 악덕 에이전트

2012년 다소 이색적인 소송이 발생했다. 칼 캐리라는 스포츠 에이전트가 한때 자기의 고객이 될 뻔했던 노스캐롤라이나 대학교 풋볼팀 출신의 수비 선수로 제1라운드에서 세인트루이스 램스(현재 구단 연고지를 LA로 이전)에 드래프트 된 로버트 퀸 선수를 고소한 것이다.

로버트 퀸은 NFL에 드래프트 되기까지 칼 캐리와 에이전트 계약

을 했지만, NFL에 드래프트 된 후 바로 '임팩트 스포츠 풋볼'로 소속
사를 옮긴 것이다. 소송을 제기한 칼 캐리는, 퀸이 드래프트 되기까지
들인 노력과 지원의 대가로 퀸이 받게 될 연봉 940만 달러와 보너스
530만 달러의 약 3퍼센트(NFL 선수협 규정)를 에이전트 수수료로 받을
자격이 있다고 주장했다. 하지만 2015년 7월 윌리엄스 오스틴 주니
어 판사는 근거가 부족하다는 이유로 소송을 기각했다.

유럽의 축구 산업 역시 미국과 별반 다르지 않다. 스포츠 에이전트
가 우후죽순으로 늘어나기 시작한 1990년대 초부터 일명 '아주 형편
없는 에이전트dodgy agents'라고 불리는 무자격 에이전트가 장래가 촉망
되는 아프리카의 어린 축구 선수들을 유럽으로 데려왔다. 그러나 에
이전트는 어린 선수들을 체계적으로 관리하고 보살피는 대신 주머니
를 채우는 데만 급급했다. 결국 어린 선수들은 이렇다 할 기회조차 얻
지 못하고 사라지곤 했다. 이런 일이 계속 발생하자 FIFA와 유럽축구
연맹은 누가 먼저라고 할 것 없이 축구 유망주를 보호하기 위해 무자
격 에이전트의 활동을 통제하기 시작했고, 그 이후 이런 피해 건수는
전보다 많이 줄어들었다. 하지만 안타깝게도 에이전트 간의 경쟁이
치열해지면서 정식 자격을 가진 에이전트의 위법 행위가 늘어나고 있
다. 그들을 통제하는 것은 무자격 에이전트에 비해 상당히 어려운 면
이 있어 유럽축구연맹이 골치를 썩고 있다.

12

에이전트 제도에 관한
6가지 궁금증

새로운 제도를 도입한다는 것은 매우 조심스럽고 어려운 일이다. 사람들은 변화를 두려워하고 부담스러워한다. 조직도 마찬가지다. 겉으로 볼 때 별문제가 없어 보이는 시스템에 손을 댈 이유가 없다. 그래서 새로운 제도를 도입하기 위해서는 이 제도의 가치와 유용성에 대해 다양한 관계자를 설득하는 과정이 필요하다. 명확한 근거와 명분이 없으면 일을 추진할 수 없기 때문이다. 사전에 다양하고 심도 있는 연구와 조사를 통해 새로 도입하려는 제도가 조직의 발전뿐만 아니라 관계자의 업무 효율을 높일 수 있다는 확신이 들어야 움직이기 시작한다. 철저한 준비를 했어도 막상 뚜껑을 열어 보면 예상치 못한 문제에 직면하는 경우가 다반사다.

이러한 맥락에서 에이전트 제도에 대해 관계자의 의견을 다양하게 듣고 반영할 필요가 있다. 에이전트의 대상이 되는 모든 운동선수,

선수와 직접 연봉 계약을 해야 하는 구단 관계자, 협회 직원, 아마추어 선수의 학부모들 의견을 수렴해 반영하면 더할 나위 없겠지만 안타깝게도 에이전트 제도와 관련된 모든 이해 관계자의 의견을 듣고 반영하는 것은 불가능하다. 그 이유는 첫째, 에이전트 제도와 관련한 인터뷰 자체를 거부하거나 부담을 느끼는 구단 관계자가 예상보다 많기 때문이다. 일부 구단 관계자는 매우 조심스러운 반응을 보였으며 심지어 구단의 공식 의견이 아닌 사견임을 전제로 인터뷰에 응한 경우도 적지 않았다. 프로스포츠 선수는 대부분 소속 구단과 이름이 노출되는 것을 염려하는 등 인터뷰에 매우 예민한 반응을 보였다. 또한 앞에서 언급한 범위가 너무 넓어 비교적 짧은 기간에 원하는 선수와 구단, 협회 관계자를 한자리에 모을 수 있는 기회가 적었다.

실제로 프로야구 구단 관계자와 선수 인터뷰는 시즌이 한창 열리는 기간이라 경기 전후를 이용해 이루어졌다. 그날 경기 결과에 따라 선수들의 분위기가 달라지곤 해 매우 조심스럽게 접근해야 하는 어려움이 있었다. 프로농구는 해외 전지훈련 기간과 겹쳐 인터뷰 대상 구단 선정에 한계가 있었고, 일부 구단은 인터뷰 자체에 부담을 갖고 응하지 않았다. 프로축구는 시즌 준비가 한창이라 선수들이 머무는 숙소나 호텔에 가서 짧은 휴식 시간을 이용해 인터뷰했다. 프로배구도 시즌 준비에 한창인 선수들과 구단 관계자들을 만나기 위해 원거리를 이동해야 하는 어려움이 있었다.

따라서 다음 표에서 볼 수 있듯이 에이전트 제도 도입의 당사자인 프로 선수 154명(7개 프로 구단 소속 선수와 4개 대학 소속 운동선수), 구단과 관계자 10명, 현 에이전트 2명이 본 조사에 참여했다. 설문조사 내용을 보완하기 위해 구단의 협조를 받아 40여 명의 선수(4대 프로 리그 현역 선수, 대학 선수, 올림픽 메달리스트 2명 포함)들과 구단 관계자(총 12명)를 대상으로 포커스 그룹 인터뷰와 전화 인터뷰를 실시했다. 선수협의

• **인터뷰 참가 구단과 관계자**

종목	분류	기관과 대회명	설문조사·인터뷰 대상
야구	프로	A 구단	구단 관계자와 2군 선수
야구	프로	B 구단	구단 관계자와 선수
야구	프로	C 구단	선수
야구	프로	D 구단	구단 관계자
야구	프로	E 구단	선수
야구	아마추어	F 구단	대학 감독과 소속 선수
야구	아마추어	대통령배 야구대회	고등학교 야구 선수의 학부모
야구	아마추어	봉황대기 야구대회	고등학교 야구 선수의 학부모
축구	프로	G 구단	구단 관계자와 선수
축구	아마추어	H 구단	대학 감독과 소속 선수(여자)
배구	프로	I 구단	구단 관계자와 선수
배구	아마추어	J 구단	대학 감독과 소속 선수
농구	프로	K 구단	구단 관계자와 선수
농구	아마추어	L 구단	대학 감독과 소속 선수
태권도	아마추어	A 선수	(리우 올림픽 출전 선수)
펜싱	아마추어	B 선수	(리우 올림픽 출전 선수)
야구	에이전트	MLB 소속 선수들	현 에이전트
야구	에이전트	MLB와 KBO 선수들	현 에이전트
야구	야구	프로야구선수협의회	관계자

회 관계자와 별도 인터뷰를 함과 동시에 현재 야구 분야에서 활동하는 에이전트들을 개별적으로 만나 심도 있는 인터뷰를 진행했다.

인터뷰에 앞서 연구의 취지를 설명하고, 개인 정보와 같이 민감한 사항에 대한 관리와 처리(종목, 구단 이름, 선수 이름 등의 익명 처리) 등에 대한 고지와 사전 합의 후 본격적인 포커스 그룹 인터뷰를 진행하고 다음과 같이 총 6개의 질문을 던졌다. 첫째, 에이전트 제도를 통해 기대하는 것은 무엇인가? 둘째, 에이전트 제도의 도입에 대해 우려하는 점은 무엇인가? 셋째, 에이전트 제도는 여전히 시기상조인가? 넷째, 현행 에이전트 제도의 형평성에 대한 불만은 없는가? 다섯째, 스포츠 에이전트 제도에서 고려할 점은 무엇인가? 여섯째, 에이전트에게 기대하는 역량은 무엇인가?

에이전트 제도를 통해 기대하는 것은 무엇인가?

단연 연봉 협상력이 상승할 것이라는 기대가 가장 높았다. 대부분의 선수는 에이전트가 연봉 협상 과정에서 적잖은 도움을 줄 수 있다고 생각했다. D구단에서 선수단 운영을 담당하는 관계자는 "에이전트를 통해 얻게 되는 선수에 관한 객관적 자료와 함께 합리적인 척도로 선수와 연봉 협상을 할 수 있다는 순기능이 있다. 에이전트 제도가 활성화된다면 일자리 창출에 도움이 될 것이고 이로 인한 파급 효과로 이익을 창출하는 파트가 나타날 것"이라며 스포츠 에이전트 제도의 도입에 긍정적인 입장을 보였다.

선수들도 마찬가지로 긍정적인 반응을 보였다. B선수는 "현재 FA 선수 등 소수 고연봉자를 양산해내는 풍토에서 벗어나 보다 합리적인 연봉 산정이 가능할 것"이라는 기대감을 보였다. 또 다른 선수는 "선수들이 운동에 더욱 집중하도록 동기를 부여할 수 있다"는 의견을 피력했다. 그리고 에이전트가 불러올 '합리적인 연봉 산정'이 리그의 전반적인 수준을 높이는 기폭제 역할을 할 것이라는 기대감도 엿볼 수 있었다.

프로 선수 출신으로 현재 대학 농구팀을 지휘하는 C감독은 "선수들은 연봉 협상이라든가 각종 법률문제 등 전문적인 지식이 많이 부족하다. 그렇기 때문에 에이전트를 통해 이런 측면을 보완해 선수의 권리를 신장시켜줄 수 있다. 특히 구단과 연봉 협상을 할 때 얼굴을 붉히는 경우가 있는데 이에 대해 에이전트가 선수의 입장을 대변할 수 있다"고 제도 도입의 긍정적인 점을 설명했다.

"에이전트 제도가 필요하다고 생각한다. 담당자로서 힘들어지는 것은 나중 문제다. 선수협회에서 어느 정도 도와주는 것으로 알고 있지만 연봉 협상과 관련해 객관적인 자료를 잘 준비해오는 선수는 흔치 않다. 그런 순기능을 구단에서는 반긴다. 에이전트의 도움을 받아 합리적인 척도를 가져온다면 우리도 적극적으로 고려할 생각이다."

(프로야구 A구단 관계자)

"선수들이 에이전트의 관리를 받게 되면 지금보다 합리적인 연봉 인상이 가능하다는 기대감에 운동에 집중할 수 있다. 선수 간의 경쟁심도 제고될 것 같다. 이로 인해 선수들의 전반적인 실력이 향상될 것이다."

(프로야구 B구단 선수)

"연봉 협상, 법률문제 등 전문적인 지식 면에서 선수들이 많이 취약하기 때문에 에이전트가 이런 면을 보완해주어 선수의 권리를 신장할 수 있다. 특히 구단과 연봉 협상 시 얼굴을 붉힐 때가 있는데 이런 경우 에이전트가 선수의 입장을 대변할 수 있다."

(C대학교 농구부 감독)

스포츠 에이전트 제도를 통해 선수들의 '광고와 후원 계약' 등이 지금보다 활발하게 이루어질 수 있다는 부분도 긍정적인 측면으로 언급되었다. 프로축구 G구단의 한 베테랑 선수는 과거에 활약한 구단의 모기업 중 한 곳과 광고 계약을 체결하는 데 에이전트의 역할이 컸다는 자신의 일화를 소개하기도 했다. 대학 여자 축구에서 활약하는 선수는 광고와 후원 계약과 관련해 에이전트 제도 도입을 긍정적으로 바라보았다. 작은 규모의 프로 시장과 프로 구단 진출의 기회가 매우 적은 여자 프로축구의 특성 때문에 구단과의 연봉 협상 외에도 해외 진출 관련 계약(지소연 선수의 해외 진출 등), 은퇴 후 광고 계약 등에 관심을 보이며 에이전트를 통해 꾸준한 수입을 올릴 수 있기를 간절히 바라고 있었다. 또한 아마추어 선수나 저연봉 선수들은 현재 축구화, 정강이 보호대 등 용품을 자비로 구입해 훈련을 받는 열악한 상황이라 용품 후원이 절실한데 에이전트가 생긴다면 이런 면에서 도움을 받을 수 있을 것이라 기대하고 있었다.

프로야구선수협회의 한 관계자는 "은퇴 후 커리어를 고민하는 선수에게 스포츠 에이전트 제도가 도움을 줄 수 있을 것"이라고 긍정적인 반응을 보였다. 그는 더불어 "평생 운동을 업으로 하는 프로 선수들은 해당 스포츠에 매우 많은 노하우를 지니고 있기 때문에 은퇴 후 유망 선수를 선별하는 능력을 통해 장차 에이전트로 직업을 전환할 수 있을 것"이라고 덧붙였다. 또한 "선수 고유의 스타성과 미디어 대응 능력을 통해 해설위원이나 연예계 진출 등을 도울 수 있을 것"이라고 기대했다.

"에이전트를 고용하면 광고에 유리한 것은 사실이다. 과거 타 구단에 있을 때, 당시 에이전트가 소속 구단과 관련된 업체의 광고를 주선해

주어 도움을 받은 적이 있다. 용품 지원에도 유리한 부분이 많다."

(프로축구 G구단 선수)

"에이전트를 통해 스폰서십도 체결하고 싶고, 은퇴 이후에도 에이전트를 통해 감독, 코치, 광고 등의 계약 체결에도 도움을 받고 싶다."

(D대학교 여자 축구부 선수)

"선수 생활이 끝나면 사실상 실업자가 되는 은퇴 선수들이 자신의 전문 분야에서 일하도록 일자리를 창출해주기 때문에 긍정적으로 생각한다. 또한 은퇴 선수들이 에이전시와 선수의 관계에 접근성을 높여주고 선수의 장래성 판단 등에 대해서도 큰 역할을 할 것이다."

(전 프로야구 선수협 관계자)

연봉 협상과 광고·후원 계약에 대한 기대보다는 덜하지만 선수들은 에이전트의 풍부한 해외 경험과 경력을 바탕으로 장차 해외 리그로 진출할 수 있기를 기대했다. 프로축구 선수는 에이전트에게 언론 홍보 등에 대한 전문성과 풍부한 경험을 기대했다. 프로축구 G구단 선수는 에이전트 경력으로 전문성을 중요하게 꼽았는데, 이 선수는 "FIFA의 중개인 중에는 기자 출신 에이전트가 매우 많다. 이들은 미디어에서 쌓은 경력과 네트워크를 통해 미디어상에서 문제가 생길 요소를 막아주고, 자신이 담당하는 선수의 해외 진출을 위해 해외 에이전트나 해외 미디어와의 긴밀한 접촉을 돕는다"고 말하면서 경험이 많은 기자 출신 에이전트에게 해외 진출에 대한 도움을 받을 수 있을 것이라는 기대를 갖고 있었다. 실제로 해당 선수의 과거 에이전트 중 1명은 당시 소속 선수 8명 중에 상대적으로 해외 진출이 힘든 골키퍼 1인을 제외한 7인의 해외 진출 계약을 체결할 만큼 선수들의 해외 진출을 잘 돕는 에이전트로 알려져 있다.

"축구 에이전트 중에 기자 출신이 많다. 선수와의 접근이 쉽고, 축구와 연관된 네트워크를 많이 보유하고 있는 사람들이다. 이로 인해 일부 미디어의 악성 기사나 오보를 사전에 막을 수 있고, 해외에 진출할 때 해외 에이전트의 도움을 받기에도 쉽다."

(프로축구 G구단 선수)

에이전트 제도의 도입에 대해 우려하는 점은 무엇인가?

에이전트 제도의 도입에 대해 부정적인 의견을 가진 선수는 대부분 저연봉자나 2군에 속한 선수들이었다. 특히 제도가 도입되어도 연봉이 적어 에이전트를 고용하기가 어렵기 때문에 이 제도를 통해 별다른 혜택을 볼 수 없다는 자조적인 생각을 하는 선수들도 있었다.

포커스 그룹 인터뷰에서 스포츠 에이전트 제도 도입의 부정적인 측면으로 언급된 키워드는 '고연봉자', '저연봉자', '시기상조'인 것으로 나타났다. 프로야구단 A의 2군 관계자는 스포츠 에이전트 제도가 "1군 선수와 2군 선수의 불평등을 초래할 가능성이 있다"며 우려를 표명했다. 선수들 역시 이와 비슷한 생각을 하고 있었다. 에이전트 제도가 국내에 도입되었을 때 선수들이 가장 부정적으로 생각하는 것 역시 빈부 격차에 대한 우려였다. 프로야구 A구단 2군 관계자는 "에이전트 제도가 도입되면 정상급 선수는 분명 연봉 계약이나 해외 진출, 광고 계약을 체결하는 데 큰 도움을 얻을 수 있지만, 상대적으로 인지도가 낮은 저연봉 선수는 에이전트의 구애를 받기가 어려울 것"이라고 말했다. 또한 "에이전트를 고용하더라도 구단에 부정적으로 비춰지는 경우가 많아 오히려 계약 과정에서 좋지 않은 영향을 받을 수 있다"고 말했다. 2군에 속한 한 선수는 "어느 정도 인지도가 있는 1군 선수는 용품 후원을 받을 여건이 되지만 2군 선수 중에는 용품 후원을 받는 선수를 찾아보기 어렵고, 거의 대부분 개인 비용으로 구입해 사용하고 있다. 이런 상황에서 에이전트 제도는 선수들의 '부익부 빈익빈' 현상을 더욱 심화시킬 것"이라며 제도에 대해 다소 부정적 입장을 보였다. 에이전트 제도가 제대로 정착되기 위해서는 저연봉자가 느낄 수 있는 상대적 박탈감을 어떻게 극복할 수 있을지, 또한 저연봉자에게도 혜택을 줄 수 있는 적절한 방안은 무엇인지 생각해볼 필요가 있다.

"1군 선수는 용품 스폰서십이 들어오는 경우가 많지만, 2군 선수는 구단 지급품이 아니면 방법이 없다. 만약 선수협의 에이전트 관련 의견대로 용품 후원을 구단이 아니라 선수 개인과 계약하는 방식으로 고친다면, 선수 간의 불평등을 초래할 수 있다. KBO에서 뛰는 내국인 선수라면 모두 가입되어 있는 게 선수협이다. 고연봉자만의 모임이 아니라는 것을 알았으면 한다."

(프로야구 A구단 관계자)

"제도가 도입되어 시행된다 해도 선수 입장에서는 연봉 협상 과정에서 구단과 마찰이 생길 수 있기 때문에 약간 망설이게 된다. 또한 1군에서 뛰는 연봉 1억 원 이상의 선수에게는 도움이 되겠지만, 저연봉자 혹은 2군 선수에게는 큰 도움이 될지 의문이다."

(프로야구 B구단 선수)

한국 프로스포츠 시장에서 에이전트 제도는 여전히 시기상조인가?

그동안 프로스포츠 구단이 에이전트 제도에 대해 불편해했던 명분은 바로 국내 스포츠 선수 시장 규모가 작아 시기상조라는 것이었다. 특히 야구와 축구를 제외한 농구, 배구 등 아직 에이전트가 활성화되지 않은 종목에서 이런 의견은 더욱 극명하게 나타났다. 리그 규모가 작고 선수의 연봉 시장이 프로야구에 비해 상당히 작게 느껴지는 농구와 배구 시장을 고려하면 이런 반응은 충분히 이해할 수 있다.

프로배구 감독을 지낸 모 대학 배구팀 감독은 "배구 열기가 과거에 비해 뜨거운 것은 사실이다. 하지만 현재 프로배구에서 해외 진출 사례가 많지 않고, 국내 리그에서 활동하는 선수도 아직 구단의 인식이 에이전트를 인정하는 풍토가 아니다"면서 에이전트 제도 도입에

• FGI 인터뷰 중 '부정적 측면' 관련 답변 키워드 분석 결과

대해 부정적인 의견을 보였다. 현재 C대학 농구부에서 활약하는 한 선수는, 신인 선수가 에이전트를 고용한 채 프로 무대에 도전했을 때를 상상하면서 "에이전트는 아직 시기상조"라는 의견을 피력했다. 현재와 같은 보수적인 상황에서는 "스타플레이어가 아니라면 에이전트 고용이 요원할 것"이라는 의견도 함께 제시했다. 프로배구에서 활동하는 선수는 "현재 배구에서는 극히 일부 선수만 에이전트를 고용하거나, 과거 고용한 적이 있는 것으로 안다. 이렇게 시장이 작은 편이라 프로배구 선수만 담당하는 에이전트는 많지 않다. 보통 농구 등 타 종목의 에이전트 업무도 겸하는 형태로 알고 있다"면서 배구는 에이전트의 주력 시장이 아님을 인지하고 있었다.

이처럼 FIVB나 FIBA 등 국제 공인 기관에서는 현재 에이전트 제도를 인정하고 있지만 국내 시장의 규모가 크지 않기 때문에 여러 종목을 동시에 담당할 수밖에 없는 현실이 에이전트 시장의 발전을 저

해하는 요인으로 작용한다.

"해외 진출 사례가 2건에 지나지 않는다. 배구의 인기가 많아지는 추세지만, 아직 규모와 인식의 문제로 에이전트 활성화는 힘들다."

(C대학교 배구부 감독)

"선배들도 에이전트가 없는데 신인이 에이전트를 대동하고 계약을 논할 것이라는 소문이 돌면, 좋은 대우는 고사하고 지명이 안 될 수도 있다. 우선적으로 지명될 수 있는 선수도 마찬가지다. 신인급 선수를 포용할 능력도 없으니 주전이 되어도 에이전트 고용은 힘들 것같다."

(C대학교 농구부 선수)

"현재 배구는 극히 일부 선수가 에이전트를 고용하거나, 고용한 적이 있는 것으로 안다. 이처럼 시장이 작은 편이라 프로배구 선수만 담당하는 에이전트는 많지 않다. 보통 농구 등 타 종목의 에이전트 업무도 겸하는 형태로 알고 있다."

(프로배구 E구단 선수)

수수료에 대한 부담도 선수들이 에이전트 제도를 부정적으로 인식하는 원인의 하나로 파악되었다. 프로축구단에서 활동하는 H선수는 "예전에 계약했던 에이전트에서 '수수료 10퍼센트'를 에이전트 재계약 조건으로 제시하는 바람에 계약을 포기했다"고 털어놓았다. FIFA와 대한축구협회 대리인 규정에 따르면 에이전트에 지급하는 수수료는 선수 연봉의 3퍼센트를 권장하고 있지만 현재 에이전트들이 그보다 많은 수수료를 원하고 있어 문제가 되고 있다. 선수 입장에서는 에이전트가 연봉 협상이나 이적 계약 외에는 특별히 수수료에 맞는 업무를 하고 있지 않다고 생각하기 때문이다. J선수는 자신이 고용한 에이전트가 "정상급 선수만 챙기고 나머지 선수는 거의 방치하듯 대우해서 소외감을 느낀 적이 있다"고 서운함을 토로했다. 아무리 실력이 좋은 에이전트라 해도 수수료만 챙기려 하는 풍토를 여실히 보여주는 사례다.

한 선수는 본인이 아닌 동료 선수의 얘기라고 운을 띄우며 "전성기에 갓 접어든 모 선수가 에이전트를 통해 매우 불리한 조건으로 재계약을 했는데, 나중에 확인해본 결과 구단과 유착관계에 있는 에이전트였던 것으로 드러났다. 그는 별도의 수수료를 구단에게 요구하고 구단이 제시한 연봉과 비슷한 조건에 합의하기 위해 선수 측에서 받을 연봉을 의도적으로 낮췄다는 정황을 포착했다"는 충격적인 이야기를 전했다. 덧붙여서 "재계약에만 혈안이 되어 끊임없이 기존 구단 사무국에 이적을 요구하는 에이전트를 경험해본 적도 있다"고 고백했다.

프로야구 선수 출신인 B구단 관계자는 "실제로 FA 계약을 위해 한 선수와 협상에 돌입하려 했는데, 선수의 지인이 나와서 불합리한 조건을 먼저 제시했던 경험이 있다. 합당한 기준도 없이, 'FA 대박'만 노린 지인의 고압적인 자세로 협상 테이블을 접을 수밖에 없었다"고 들려주었다. 이를 근절하기 위해서는 "공인된 에이전트의 명단을 선수들이 자유롭게 볼 수 있는 환경, 그리고 공인된 에이전트만 계약할 수 있는 환경을 만드는 게 필수"라고 강조했다.

"FIFA에서 권장하는 에이전트 수수료는 3퍼센트(최대 10퍼센트)인 것으로 알고 있는데, 내가 계약했던 한 에이전트는 재계약 조건으로 10퍼센트의 수수료를 제시했다. 구단 관계자와 개인 친분에 의지해 제대로 된 연봉을 받아내려 하지 않고, 수수료부터 챙기는 에이전트도 있다."

(프로축구 G구단 선수)

"구단 내 FA 계약 대상자의 잔류를 위해 협상 테이블에 앉았던 적이 있는데, 에이전트로 나선 사람은 전문성이 없는 지인이었다. 불합리한 금액을 먼저 제시받았는데, 협상을 접는 결정적인 계기가 되었다. 공인된 에이전트 명단을 선수들이 마음껏 볼 수 있는 풍토가 아니라면, 선수들은 에이전트에게 도움을 받을 수 있다는 생각보다 우려감부터 느낄 것이다."

(프로야구 A구단 관계자)

현행 에이전트 제도의 형평성에 대한 불만은 없는가?

현행 에이전트 제도와 관련한 내국인―외국인 선수와의 형평성 문제에 대해 주로 언급된 키워드는 '핵심 전력', '언어 장벽', '불합리 없음' 등이다. 해외 리그는 이미 에이전트 제도가 보편화되어 있기에 해외에서 국내로 오게 된 선수가 에이전트를 고용하는 것은 당연한 일이다. 국내 리그는 에이전트를 고용하기에 시장 규모가 작기에 불평등하다고 생각하지 않으며 오히려 당연하게 받아들이고 있었다. 대학 아마추어 야구 선수들도 에이전트 제도에 대해 프로스포츠 선수와 크게 다르지 않은 맥락이었다. 우선 외국인 선수에게는 언어 장벽이 크기 때문에 에이전트가 꼭 필요하다고 생각했다. 또, 실력을 인정받고 국내 리그로 이적되어 온 용병은 그만한 대우를 받고 오는 것이기에 불공평하다고 생각하지 않는 분위기였다.

• FGI 인터뷰 중 '외국인 선수' 관련 답변 키워드 분석 결과

"MLB를 포함한 타 리그에서는 에이전트 제도가 이미 보편화되어 있다. 해외 리그에서 오는 외국인 선수가 에이전트를 고용하는 것은 당연하기 때문에 크게 불평등하다고 생각하지 않는다. 또한 국내 야구 시장 규모 자체가 작기 때문에 이런 면에서 불평등하다기보다는 당연한 것으로 받아들이고 있다."

(프로야구 B구단 선수)

"외국인 선수는 말도 잘 안 통할뿐더러 실력을 인정받고 오는 것이다. 그렇기에 그만한 대우를 해주는 것이 불공평하다고 생각하지 않는다."

(C대학교 야구 선수)

"신인 선수나 연차가 높은 선수들은 구단과 직접 자신의 의견을 피력할 수 있는 입장이 아니므로 이들에게는 별다른 도움이 되지 않는다. 특히 경기에 자주 뛸 수 없는 선수에게는 큰 영향이 없다고 본다."

(프로배구 I구단 선수)

에이전트 제도와 관련해 고려할 사항은 무엇인가?

선수와 구단 관계자, 학부모를 대상으로 설문조사를 한 결과, 연봉 협상과 관련해 에이전트의 역할을 크게 기대하는 것으로 나타났다. 현재 대부분의 리그에 에이전트 제도가 도입되지 않은 상황에서 연봉 협상 과정에 문제가 있음을 간접적으로 드러낸 반응이었다. 그뿐만 아니라 에이전트 제도의 성공적인 도입을 위해서는 에이전트의 연봉 협상 능력을 우선 고려해야 한다는 의미로 해석할 수 있다. 일반 팬을 대상으로 한 설문조사에서도 역시 에이전트 제도가 도입되면 연봉 협상에서 선수의 권익이 보호될 것이라고 기대하고 있음을 알 수 있었다.

이것으로 보아 연봉 협상에서 직접적인 이해 관계자가 아닌데도 현재의 제도로는 선수에게 불합리한 점이 있다고 생각하는 것을 알 수 있다. 이런 점을 고려해 에이전트 제도를 도입해야 한다고 볼 수 있다. 반면, 세 조사 집단에서 공통적으로 에이전트 제도가 도입되어도 저연봉자에 대한 권익 보호는 평균적인 수준에 머무를 것이라는 결과가 나왔다. 이것으로 비추어볼 때 에이전트 제도의 도입이 고연봉자와 FA 선수에게만 유리하고 저연봉자에게는 특별한 혜택이 돌아가지 않을 것이라는 생각이 보편적임을 알 수 있다. 하지만 에이전트 제도를 통해 저연봉자나 신인 선수에게도 도움이 되었으면 좋겠다는 다수의 의견과 조사 결과가 있었기에 이 점에 대해 적절한 보완과 대책이 필요하다고 생각된다.

에이전트 제도와 관련해서 고려 사항으로 '저연봉자', '자격 요건', '범죄 기록' 등이 핵심 주제어로 나타났다. 포커스 그룹 인터뷰 내용을 정리해보면 연봉이 낮은 선수의 권익을 대변하기 위한 에이전트 정책이 나와야 한다고 볼 수 있다. 모 에이전시 대표는 선수 간의 연봉 격차가 점점 커지는 것에 문제를 제기하면서 "프로 선수의 근속 기간이 짧은 만큼 최소 연봉의 인상이 필요하고, 프로야구선수협회 차원에서 이런 문제점을 해소하는 데 적극적으로 신경 써야 한다"고 말했다. (전) 프로야구선수협 관계자는 "1군과 2군 선수를 동등하게 취급할 수 없는 현실을 고려해 2군 선수같이 저연봉 선수를 위해 연봉 협상 등을 위한 의무적 자료 제공과 장비, 용품 후원 등의 방법으로 부익부 빈익빈 현상을 줄이는 방안을 마련해야 한다"고 말했다.

• FGI 인터뷰 중 '에이전트 제도 고려 사항' 관련 답변 키워드 분석 결과

또한 "에이전트 자격 부여에 분명한 조건이 필요하며, 에이전트 제도의 윤리 기준을 확립하기 위한 제도적 장치가 필요하다"고 말했다. 프로야구 리그에서 활동하는 K선수는 "고연봉자와 저연봉자 간의 갭이 생기지 않으려면 모든 선수들이 공평한 대우를 받을 수 있게 연봉 수준에 따른 담당 에이전트를 따로 두어야 한다"는 대안을 제시했다. 대부분의 프로야구 관계자들은 에이전트 제도가 도입된다면 그에 걸맞은 검증된 전문성을 갖고 있는 사람을 효과적으로 선별할 수 있는 제도적 장치와, 에이전트로서의 역할과 임무에 대한 윤리 기준을 명확히 수립해야 한다는 의견을 밝혔다.

"저연봉자의 권익을 대변하기 위한 정책이 나와야 한다고 생각한다. 수수료가 발생하는 부분에서 저연봉자에게 보조해줄 수 있는 정책이 나온다면 에이전트 제도는 일부 선수만이 아닌 모두의 혜택으로 돌아올 것이다. 자격을 부여하는 주체가 어찌 되었든 자격은 필요하다. 변호사 등 전문성을 띤 사람이 아닌, 해당 선수의 지인이 에이전트 역할을 하면 말이 안 되는 잣대로 협상에 임할 수 있기 때문에 합리적이지 않다. 범죄 기록이 있는 사람은 자격을 금하는 등 에이전트의 도덕적 기준도 수립해야 한다."

(프로야구 A구단 관계자)

"제도가 프로농구, 프로배구 등 다양한 영역으로 도입되기 위해서는 어떤 시점을 정해놓고 시행하기보다 은퇴 선수나 프런트 직원, 법률가 등 스포츠 각 분야 전문가가 참여한 협의회, 공청회 등을 거쳐야 한다. 이런 과정을 거치지 않고 시행하면 몇 명의 슈퍼 에이전트가 알짜배기 선수 10~20명 정도만 관리하게 되어 리그 전체를 좌지우지하는 상황이 닥칠 수 있다. 그렇게 되면 스포츠가 갖는 승패의 모호성에 큰 타격을 주게 된다."

(프로 구단 관계자)

"FA 선수, 2군 혹은 아마추어 담당을 따로 두어 선수들 사이에서도 고연봉자와 갭이 생기지 않도록 1군 선수만큼 2군 혹은 아마추어 선수도 공평한 대우를 받을 수 있게 진행했으면 좋겠다."

(프로야구 B구단 선수)

에이전트에게 기대하는 역량은 무엇인가?

설문조사 결과 스포츠 에이전트에게 가장 요구되는 역량은 합법적 계약을 위한 법률 지식인 것으로 나타났다. 선수 응답자 중 45퍼센트, 학부모 응답자 중 78퍼센트가 법률 지식이 필요하다고 응답했다. 선수, 구단, 협회 관계자를 대상으로 진행한 포커스 그룹 인터뷰 연구에서도 스포츠 에이전트에게 필요한 역량으로 '법률 지식'이 매우 많이 언급되었다.

특히 선수 입장에서 구단과의 관계에서 계약과 관련한 분쟁이 발생하면 이를 해결할 수 있는 법률 지식이 필요하며, 이는 에이전트를 고려할 때 가장 중요한 요소로 작용하고 있음을 나타내고 있다. 다음은 스포츠 에이전트의 필요 역량으로 '법률 지식'에 대해 언급한 포커스 그룹 인터뷰 내용 중 일부다.

"이적과 연봉 계약을 위한 법적 지식과 협상력은 에이전트에게 가장 중요한 능력이다."

(프로축구 G구단 선수)

- 스포츠 에이전트에게 요구하는 역량에 대한 설문조사 결과

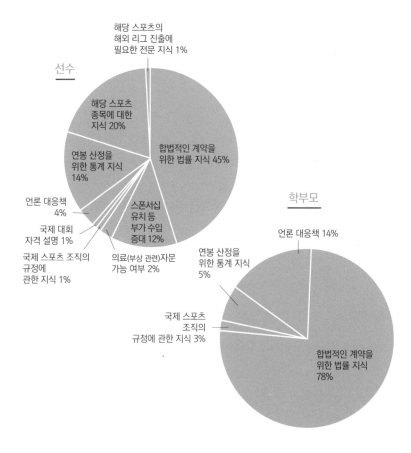

해당 스포츠의
해외 리그 진출에
필요한 전문 지식 1%

선수

해당 스포츠
종목에 대한
지식 20%

연봉 산정을
위한 통계 지식
14%

합법적인 계약을
위한 법률 지식 45%

언론 대응책
4%

국제 대회
자격 설명 1%

국제 스포츠 조직의
규정에 관한 지식 1%

스폰서십
유치 등
부가 수입
증대 12%

의료(부상 관련)자문
가능 여부 2%

학부모

언론 대응책 14%

연봉 산정을
위한 통계 지식
5%

국제 스포츠
조직의
규정에 관한 지식 3%

합법적인 계약을
위한 법률 지식
78%

"추상적인 계약으로 분쟁의 소지가 너무 많다. 따라서 선수 계약, 매니지먼트 계약에 대한 명확한 이해와 처리가 가장 중요하다."

(프로야구 B구단 사무국장)

"선수들이 에이전트에게 가장 많이 요구하는 역량은 선수에게 불리

한 상황이 닥쳤을 때, 선수를 재빨리 보호하고 커버해줄 수 있는 능력과 상당한 법률 지식이라고 생각한다."

(C대학교 야구 선수)

"계약할 때 계약서 내용을 제대로 숙지하지 못하고 사인하는 경우가 있는데, 에이전트를 통해 계약에 관한 것, 특히 법적인 부분은 큰 도움을 얻을 수 있다고 본다."

(프로배구 I구단 선수)

법률 지식과 더불어 스포츠 에이전트에게 가장 많이 요구되는 역량은 '해당 스포츠 종목에 대한 지식'으로 나타났다. 선수, 구단 관계자, 에이전트 등을 대상으로 진행한 포커스 그룹 인터뷰에서 에이전트의 가장 중요한 자질은 스포츠산업과 해당 스포츠에 대한 지식이라고 언급되었다. 에이전트가 수행하는 업무 중 가장 기본은 자신이 담당하는 스포츠에 대한 기본적인 이해와 지식이다. 물론 선수 관리, 조언 등 전반적인 매니지먼트 업무를 수행하기 때문에 이에 대한 중요성을 언급하고 있는 것으로 파악된다.

"에이전트의 가장 중요한 자질은 스포츠산업과 자신이 맡고 있는 종목에 대한 이해라고 생각한다. 스포츠산업과 해당 종목이 어떻게 돌아가고 있는지 알아야 할 뿐만 아니라 특정 스포츠에 대한 규약과 법규는 수시로 찾아보는 게 효과적이다. 따라서 계약에 대한 지식보다 스포츠산업과 그 종목에 대한 이해가 필요하다고 생각된다."

(프로야구 에이전트 A)

"스포츠 에이전트 교육에서 가장 중요한 것은 직업에 대한 윤리와 해당 스포츠에 대한 이해다."

(프로야구 에이전트 B)

"선수들은 에이전시를 고를 때 스포츠를 잘 알고 있는지, 협상 능력을 지녔는지를 가장 중요하게 고려해야 한다."

(프로농구 K구단 선수)

'연봉 산정을 위한 통계 지식'도 에이전트에게 요구되는 주요 역량인 것으로 파악되었다. 그 이유는 선수들의 실력을 통계적으로 분석한 데이터는 선수들이 구단과 연봉 협상을 하는 데 결정적인 근거로 사용되기 때문이다. '통계 지식'에 대한 기대는 학부모(학부모 응답자의 5퍼센트)보다 당사자인 선수의 기대가 높게 나타났는데(선수 응답자 중 14퍼센트), 이는 선수 자신의 연봉에 직접적인 영향을 미칠 수 있는 부분이기 때문에 에이전트의 통계 지식에 대한 역량을 중요하게 생각하는 것으로 보인다.

"선수들은 에이전트가 자신의 가치를 최대한 높게 측정해주어 연봉 협상 시 최대한 많은 연봉을 받게 해줄 수 있기를 바란다."

"프로야구에서는 연봉 협상 시 선수협에서 어느 정도 선수를 도와주는 것으로 알고 있지만, 연봉 산정과 협상액과 관련한 객관적인 자료를 잘 준비해오는 선수는 흔하지 않기 때문에 이에 대한 역량을 보유한 에이전트 제도가 필요하다."

(프로야구 B구단 관계자)

선수의 상품성과 인지도를 활용해 광고나 후원 계약을 체결하고 부수입을 늘리는 것도 에이전트에게 기대하는 주요 역량으로 파악되었다. 후원 계약은 현금, 현물 등 다양한 방식으로 이루어지지만 선수의 용품 지원 등이 대부분을 차지하고 있다. 광고 유치는 주로 스타급 선수에 한해 이루어지고 있는 상황이다. 설문조사를 통해서도 응답자 중 약 12퍼센트에 해당하는 선수들이 광고와 후원 계약을 체결할 수 있는 능력이 중요하다고 선택했다. '광고와 후원 계약 체결'에 대한 이해 관계자들의 포커스 그룹 인터뷰 중 일부를 발췌한 내용은 다음과 같다.

"비시즌에 팬 사인회 같은 다양한 외부 행사를 유치해 선수의 가치를 높이고, 방송 출연과 광고 계약을 유치하며, 계약을 체결할 수 있는 능력이 있었으면 좋겠다."

(프로배구 I구단 선수)

"에이전트 고용을 통해서 물품 후원 같은 부분이 가장 도움이 되었다."

(프로축구 G구단 선수)

"능력 있는 에이전트는 축구화, 의류 등의 장비에 대해 스폰서를 유치해 선수에게 제공하는데, 이런 면이 장점이라고 생각한다."

(프로축구 G구단 선수)

앞서 살펴본 바와 같이 에이전트 업무를 수행하기 위해 다양한 지식과 역량이 필요하다. 이 외에 해당 스포츠의 해외 리그 진출에 필요한 전문 지식, 의료(부상 관련) 자문 가능 여부, 국제 스포츠 조직의 규정과 규약에 대한 지식, 언론 대응책 등 다양한 역량이 필요하다고 응답했다. 포커스 그룹 인터뷰 등을 통해서는 외국어 능력, 국내외 네트워크(인맥) 등에 대해서도 언급했다.

"연봉 협상 같은 계약적인 면뿐만 아니라 선수의 컨디션 관리도 해준다면 선수들이 경기에만 집중할 수 있는 여건이 조성되므로 큰 도움이 될 것이다."

(프로배구 I구단 선수)

"선수들이 부상을 입었을 때 조금 더 신속하고 확실한 치료를 에이전시를 통해 받을 수 있으면 좋겠다."

(프로농구 K구단 선수)

"해외 진출을 위해서 해외 구단 관계자와 네트워크를 어느 정도 구축하고 일을 진행할 수 있는 역량이나 외국어 능력을 갖추고 있어야 한다고 생각한다."

(프로축구 G구단 선수)

"선수가 챙길 수 없는 부분을 에이전트가 나서서 도와주기도 한다. 알다시피 우리는 운동에 집중하기 때문에 미디어 대응법을 잘 모른다. 에이전트 중에는 기자 출신이 많아 미디어 대응이나 해외 진출을 위한 네트워크 구축 등에서 선수들이 큰 도움을 받는다. 적어도 이상한 기사가 날 일은 없다. 아울러 선수들은 원정 경기나 훈련 스케줄 때문에 가족과 떨어져 지내는 기간이 많은데, 이럴 때 선수 가족의 편의를 위해 입장권을 마련해준다거나, 명절 대소사 등을 챙겨주기도 한다."

(프로축구 G구단 선수)

"시즌 중에는 미디어 노출로 자신을 많이 알릴 수 있지만 비시즌에는 이런 노출이 제한적이다. 에이전트를 통해서 외부 행사나 일정이 잡힌다면 좀 더 많은 팬과 교류할 수 있다고 생각한다."

(프로배구 I구단 선수)

13

에이전트 제도에 대한
5가지 오해와 진실

이 책을 준비하면서 프로와 아마추어 선수, 올림픽 국가대표 선수, 구단과 협회 관계자, 아마추어 선수의 학부모, 현 스포츠 에이전트 등 다양한 이해 관계자들을 만나 인터뷰를 진행했다. 인터뷰를 진행하면서 스포츠산업에서 오랫동안 경험을 쌓아온 관계자나 이해 당사자인 선수들조차 에이전트 제도에 대해 막연한 생각만 하고 있을 뿐, 긍정적이든 부정적이든 진지하게 생각해본 적이 별로 없는 것 같아 놀라웠다. 오히려 심층 인터뷰를 통해 에이전트의 필요성과 이들의 적절한 역할, 그리고 에이전트 제도의 필요성에 대해 더욱 확고한 생각을 하게 되었다고 말하는 선수와 관계자들이 많았다. 구단과 협회 관계자도 몇 번의 인터뷰 과정을 거치면서 몇 달 전에는 부정적 입장을 지녔지만 중립적, 혹은 긍정적 입장으로 태도가 바뀌는 경우도 종종 목격되었다. 에이전트 제도에 대한 공개적인 논의와 대화를 통해 이 제도의 긍정적인 측면이 많이 거론되었기 때문이기도 할 것이다. 이번 장에서는 지금까지 우리가 막연히 생각했던 에이전트 제도의 전반적인 도입에 대한 5가지 오해와 진실을 파헤쳐보자.

에이전트 제도 vs. 악덕(무자격) 에이전트

스포츠 관계자들과 만나 에이전트 제도 도입의 필요성에 대해 이야기를 나누어보면 구단과 협회 관계자 중 일부는 에이전트 제도에 대해 여전히 거부감을 갖고 있거나 현재의 재무 구조 상황에서 에이전트 제도의 포괄적인 도입은 시기상조라고 강조한다. 공통적으로 많이 나온 근거는 바로 "모기업의 도움 없이 구단의 수입만으로 운영하기 어려운 상황에서 에이전트 제도가 도입되면 선수 연봉이 올라 구단의 재정을 압박할 수 있다"는 것이었다.

A프로스포츠 구단 운영팀장 A는 "비공식적으로 에이전트라 불리는 지인의 도움으로 연봉을 올리려는 선수 들이 종종 있는데, 규정에 어긋나는 이러한 상황이 더 심해질 수 있다"며 우려를 표하기도 했다. 모 구단 관계자는 이런 불편한 경험에 대해 "FA 선수가 연봉 협상할 때 대리인을 동석시키는 경우가 있다. 그런데 전문적인 에이전트가 아닌 친구나 지인과 함께 나와서 문제가 된다. 지난 시즌 종료 후 우리 구단에서 협상했던 A선수는 친구와 함께 협상 테이블에 앉았는데 다른 부분을 고려하지 않은 채 오로지 금전적인 부분만 논했다. 전체적인 선수 시장이 파탄 날 수 있다는 것을 고려하지 않고, 일정한

근거와 기준이 없는 금액을 요구했다. 그래서 그 대리인과 대화를 일절 하지 않았다"고 토로했다. 또 다른 관계자는 "에이전트 제도를 도입하면 연봉 협상이 더 힘들어질 것으로 보인다. 기존에는 선수를 설득하는 입장이었다면 이제는 에이전트를 설득해야 하기 때문이다. 하지만 언젠가는 에이전트 제도가 들어올 것이라고 생각한다. 성급하게 제도를 도입해서는 안 된다. 선수들도 에이전트 제도의 달콤한 면만 생각하지 말고, 안 좋은 것에 대한 경각심을 가져야 한다. 만약 에이전트 제도가 한국인 정서에 안 맞거나 실패로 접어야 한다면, 그때는 이미 늦을 것이다. MLB, NPB에서 일어난 부작용을 확실히 살펴보자"고 경고했다.

구단 관계자들과의 인터뷰 내용을 잘 들여다보면 프로농구, 프로배구의 경우 아직 대리인(에이전트) 제도가 공식적으로 시행이 안 된 상황이라 대부분의 국내 선수들은 에이전트를 고용할 수 있는 여건이 아닌데도 불구하고 자신을 '에이전트'라고 부르며 선수의 연봉 협상에 개입하려는 사람이 있음을 알 수 있다.

구단 관계자들이 불편해하는 것은 '에이전트 제도의 도입'이 아니다. 대리인 역할을 하는 사람의 역할이 불분명하고 자격이나 능력도 검증되지 않았기 때문에 이들을 신뢰할 근거가 없다는 뜻으로 보는 것이 옳다. 최근에는 에이전트 제도에 대해 긍정적 입장을 취하는 구단 관계자들이 늘고 있다. 에이전트 제도에 대해 여전히 알레르기 반응을 일으키는 구단 관계자도 있지만 일부 구단 관계자는 오히려 에이전트 제도의 도입을 내심 반긴다.

한 프로 구단 관계자는 "에이전트 제도의 필요성에 매우 동의한다"면서 다음과 같은 의미심장한 말을 전했다. "에이전트 제도의 필요성을 절실히 느낀다. 담당자로서 힘들어지는 것은 나중 문제다. 선수협회에서 어느 정도 도와주는 것으로 알고 있지만, 연봉 협상과 관련된 객관적인 자료를 잘 준비해오는 선수는 흔치 않다. 우리 구단의 경우, 연봉 산정에 대한 가이드 라인이 명시되어 있다. 선수 입장에서는 협상이 안 된다고 생각할 수 있지만, 우리는 가이드 라인을 적용해 도출한 연봉을 가감 없이 선수들에게 공개하기 때문에 문제가 되지 않는다고 생각한다. 단, 에이전트의 도움을 받아 합리적인 척도를 가져온다면 우리도 적극 고려할 의 향이 있다. 검증이 안 된 에이전트는 배척해야 한다. 검증이 안 된 사람에게 FA 협상 권한을 쥐어준다면 시장이 한순간에 무너질 것이다." 에이전트 제도의 필요성과 동시에 우려를 표한 것이다. 프로스포츠 산업 시장에 대해 기본적인 이해를 갖고 구단과 선수의 입장을 모두 고려해 대화가 가능한 에이전트에 대한 구단의 갈증을 느낄 수 있었다.

또 다른 프로야구 구단 팀장은 "최근 승부 조작과 관련해 운동선수들의 도덕적 문제가 불거지고 있는 상황에서 에이전트 제도 도입 필요성이 증가했다. 특히 에이전트 제도가 생기면 몇 년 전 롯데 자이언츠 구단에서 벌어진 CCTV 사건 같은 문제가 사라질 것으로 생각된다. 에이전트 제도를 도입해 선수들에게 이런 문제에 대해 윤리 교육을 해야 한다"고 말했다. KBO 관계자는 에이전트 제도 도입의 긍정적인 측면에 대해 "선수 생활이 끝나면 사실상 실업자가 되는 은퇴 선수들이 자신이 잘 아는 분야에서 일하도록 일자리를 창출해주기 때문에 긍정적으로 생각한다. 또한 에이전트와 선수의 접근성을 높여주고 선수의 장래성 판단 등에 대해서도 큰 역할을 할 수 있을 것이라고 생각한다"면서 에이전트 제도의 도입이 은퇴 선수들에게 일자리를 제공해줄 가능성을 언급했다.

한편, 인터뷰에 참여한 여러 구단 관계자들은 스캇 보라스와 같은 일명 '슈퍼 에이전트'가 시장을 장악할 수 있다는 점에 불안과 걱정이 앞선다는 말을 많이 했다. 일부는 "에이전트 제도가 도입되려면 어떤 시점을 정해놓고 시행하기보다 은퇴 선수, 프런트 직원, 법률가 등 스포츠 각 분야 전문가들이 협의회나 공청회 등을 통해 일련의 과정을 거쳐야 한다. 이런 과정을 거치지 않고 시행하면 보라스 같은 에이전트가 나타나 작은 국내 시장에서 알짜배기 선수 10~20명 정도만 관리해도 리그 전체를 좌지우지하는 상황이 닥칠 수 있다"고 전했다.

에이전트 제도, 모든 선수가 반길까?

프로야구의 경우, 에이전트 제도에 대해 2군 선수와 후보 선수들의 반응은 한마디로 냉소적이었다. 최저 연봉을 받는 그들에게는 제도가 도입되어도 '그림의 떡'이 될 수 있어 별다른 혜택을 보지 못할 것이라는 생각이 다수를 차지했다. 구단과 협회 관계자들도 이와 비슷한 주장을 한다.

한 KBO 관계자는 "최저 연봉이 보장되지 않는다면 선수들은 에이전트 계약을 하지 않을 것이다. 200억~300억 원에 이르는 FA 선수 시장에서 경쟁을 해야 하는데 그러면 너무 힘들어진다"고 말했다. 결국 일부 특급 선수에게 치우친 제도가 될 수 있음을 우려했다. 프로 야구단 2군 선수는 "저연봉자나 2군 선수에게 큰 도움이 될지 의문이다. 만약 에이전트 제도가 도입된다면 2군 선수를 중점적으로 도와줬으면 하는 바람이다"라고 밝히기도 했다. 또 다른 2군 선수는 "FA 선수 담당, 2군 혹은 아마추어 담당을 따로 두어 선수들 사이에서도 고연봉자와 저연봉자 갭이 생기지 않도록 1군 선수만큼 2군이나 아마추어 선수도 공평한 대우를 받을 수 있게 진행했으면 좋겠다"고 전했다.

선수들이 에이전트 제도를 반길 수 없는 또 다른 이유는 바로 눈에 보이지 않는 구단의 눈치와 압력 때문이다. 특히 선수의 규모가 작은 구단은 이럴 가능성이 크다. 한 프로농구 선수는 에이전트를 고용한 선수들에게 불필요한 눈치와 압박을 줄 경우 제도가 시행된다 해도 "선수들은 에이전트를 쉽게 고용하지 못할 것이다"라며 제도의 도입뿐만 아니라 제도의 활성화에 대한 고민도 필요하다고 조언했다. 프로농구 구단에서 활약하는 한 베테랑 선수는 에이전트 제도의 도입에 대해 걱정이 앞선다고 말했다. "제도의 도입으로 선수 연봉이 상승하면 구단은 어떤 식으로든 다른 복지 혜택을 줄여 전체 운영비가 상승하지 않도록 할 것이다. 나는 지금 기숙사에서 생활하는데 제도가 도입되면 기숙사 운영비를 줄일지 모른다. 지방 경기를 갈 때 비행기 대신 버스를 타는 등의 불편을 겪을 수도 있다"고 몸에 와 닿는 부작용을 걱정했다. 이런 우려는 오랜 선수 생활에서 나온 것으로 보인다.

또 다른 프로 야구 2군 선수는 "저연봉을 받는 나 같은 선수는 수수료가 부담돼서 에이전트를 고용하는 것이 적합한가 하는 생각을 많이 한다. 예를 들어 연봉 8,000만 원 이상인 선수만 에이전트를 고용할 수 있게끔 시행할 것 같기도 하다"면서 스스로를 제3자라고 인식하는 안타까운 경우도 있었다. 이런 상황을 잘 아는 한 협회 관계자는 에이전트 제도의 도입에 대해 "현재 우리나라는 미국과는 달리 1, 2군을 같은 회원으로 취급하고 있다. 하지만 프로 세계에 서는 1, 2군을 동등하게 취급할 수 없는 것이 현실이고, 모든 선수에게 에이전트를 고용시켜주지 못한다는 문제점이 있다. 그렇기 때문에 저연봉 선수의 연봉 협상을 위한 의무적 자료 제공과 장비, 용품을 후원하는 두 가지 방법을 모색 중이다"면서 제도 도입 시 혜택을 못 받는 선수들을 보호하기 위해 진지한 고민을 하고 있었다. 에이전트 제도 도입을 계획할 때 절대 간과하지 말아야 할 점은 바로 이 제도의 수혜자는 선수(고객)라는 사실이다. 에이전트 비즈니스의 시장 논리상 고연봉자들이 에이전트의 주요 시장이 될 뿐만 아니라 이들을 고객으로 삼기 위한 에이전트의 집중적인 구애가 펼쳐질 것은 불을 보듯 뻔하다. 하지만 에이전트 제도의 진정한 의미를 위해서는 연봉이 적은 선수들에게도 제도권 밖으로 밀려나지 않도록 어떤 방식으로든 혜택이 돌아갈 수 있게 제도적 장치가 반드시 필요하다.

"현재 우리나라는 미국과는 달리 1, 2군을 같은 회원으로 취급하고 있다. 하지만 프로 세계에서 1, 2군을 동등하게 취급할 수 없다는 것이 현실이고 모든 선수에게 에이전트를 고용시켜주지 못한다는 문제점이 있다. 그렇기 때문에 저연봉 선수의 연봉 협상을 위한 의무적 자료 제공과 장비, 용품을 후원하는 두 가지 방법을 모색 중이다."

(프로야구 선수협 관계자)

에이전트 시장은 폭발적으로 성장할까?

국내 에이전트 시장의 앞날을 예측하는 일은 쉽지 않다. 왜냐하면 일부 리그를 제외하면 아직까지 공식적인 시장이 형성된 적이 없고, 이에 대한 신뢰 있는 객관적인 데이터가 존재하지 않기 때문이다. 결국 경험이 많은 전문가의 의견에 의존할 수밖에 없는 한계가 있다. 일각에서는 에이전트 제도의 도입으로 신규 에이전트가 대거 시장으로 몰려들 것이라는 매우 낙관적인 전망을 내놓기도 한다. 특히 스포츠 시장에 대한 지식이 부족한 스포츠 관련학과 학생은 스포츠 에이전트라는 직업에 열광한다.

교육 현장에서 느끼는 에이전트에 대한 학생들의 관심과 열기는 외부에서 보는 것보다 훨씬 뜨겁다. 하지만 여러 전문가는 이런 태도에 대해 다소 조심스럽고 보수적인 입장을 취한다. 프로야구 전문가로 잘 알려진 스포츠경영학과 교수는 "프로야구는 전체 시장 규모를 고려할 때 에이전트 제도가 정착해가는 과정에서 약 10명 정도의 에이전트만이 입지를 굳힐 것으로 생각한다. 시장 규모가 그리 크지 않기 때문에 무한정 성장하기는 어려울 것"이라 전망했다. 전 프로야구 선수협회 관계자 역시 이와 비슷한 의견을 보였는데, "현재 적어도 7억 원 정도의 매출이 있어야 에이전트 운영이 가능한데 350억~400억 원 규모의 국내 시장에서는 에이전트가 5명 정도 배출될 수밖에 없다. MLB는 선수 계약 자체만으로도 에이전시를 운영할 수 있지만 국내 에이전트는 광고와 스폰서 같은 일반 매니지먼트 사업을 겸해야 에이전시 운영이 가능하다"고 말했다. 한 프로야구 관계자는 "에이전트 시장이 제도 도입과 함께 급속도로 커질 것 같지는 않다. 그렇기 때문에 선수를 키워서 해외에 진출시키는 육성형으로 가야 한다"고 에이전트 제도의 방향을 제시했다.

하지만 에이전트 시장은 꾸준히 성장할 것이라고 조심스럽게 전망한다. 에이전트 시장의 성장을 위해서는 다음과 같은 3가지 동반 성장 요인이 충족되어야 한다. 그것은 바로 '광고와 후원 계약 등을 통한 연계 산업의 발전', '국내 이적 시장의 활성화'와 '수집품 시장의 개척'이다. 에이전트 시장 규모를 단순히 선수의 연봉 규모로만 규정하는 것보다 광고와 후원 계약 시장이라든지, 선수의 국내외 이적 시장이 활성화된다는 가정을 하면 앞으로 지속적인 성장이 가능할 것으로 전망해도 무리는 아니다. 지금까지 정상급 연예인이 독점하다시피 했던 스포츠, 아웃도어 의류와 용품 광고 시장에 스포츠 스타 선수들이 진입할 수 있는 여지는 충분하다.

선수 이적 시장도 장기적으로 점점 활성화될 가능성이 열려 있다. 일본프로축구는 2015년 4월 1일에 중개인 제도가 시행된 이래 2016년 3월 24일 기준으로 총 56명의 중개인이 활동해 약 730여 건의 선수 계약과 이적 합의를 성사시켰다. 운동선수 총 676명이 에이전트에 지불한 수수료는 7억 3,700만 엔 정도로 전체 시장의 73퍼센트를 차지했지만 선수 이적료에 대한 보상으로 구단이 에이전트에 지불한 수수료 역시 2억 7,200만 엔(23퍼센트)을 넘었다. 에이전트들이 광고와 후원 계약을 통해 받는 수수료 비율은 연봉 계약에 비해 상당히 높은 편이다. 스포츠 선수들이 에이전트의 전략적인 도움을 받아 광고와 후원 계약을 통해 활동하는 시장이 본격적으로 개척된다면 일반적으로 광고 수입의 15~20퍼센트를 수수료 명목으로 받는 에이전트 시장 규모는 예상보다 커질 수 있다.

스포츠 선진국에서는 이미 활성화된 스포츠 수집품 시장이 한국에서는 아직 미개척 시장으로 남아 있다. 자기가 좋아하는 선수를 쫓아 가 사인을 받고 오래 간직하는 팬 문화가, 중개인과 도매업자의 주도로 미국에서는 이미 15억 달러 규모의 산업으로 변했다. 1990년대 들어서면서 기념품 중개 거래 상인들은 선수들에게 직접 돈을 주고 수천 개의 야구공, 야구 방망이, 유니폼 등에 사인하게 했다. 일종의 투자 의미가 강했는데, 선수가 유명해지면 그들이 사인한 용품 가격이 급등하기 때문에 잠재력이 큰 선수를 미리 선별해 대량의 사인을 받아두었다. 이렇게 해서 대량 생산된 수집품을 카탈로그 회사, 케이블 TV, 소매상과 수집품 전문 상점을 통해 판매해 수입을 올렸다. 스포츠 수집품 시장의 활성화는 에이전트 시장에 또 다른 성장 동력이 될 것이다.

에이전트 제도가 도입되면 선수의 연봉이 상승할까?

인터뷰에 참여한 대부분의 선수와 구단 관계자는 "에이전트 제도가 도입되면 선수 연봉이 오를 것"이라는 기대를 갖고 있었다. 이해 당사자인 선수들은 연봉 상승 가능성을 매우 반기는 반면, 구단 관계자들은 연봉 상승으로 인해 구단 운영 부담이 늘어날 것이라고 걱정했다. 프로야구 구단 관계자는 과거 경험을 얘기하면서 "하향세를 타고 있는 선수의 명성을 이용해 연봉을 높게 받아 구단 측에 피해를 주는 경우가 생길 수 있다"고 우려했다. 프로배구 구단 소속의 한 선수는 "에이전트 제도가 도입된다면 연봉 협상 시 도움이 될 것이다. 지금은 구단과 단독으로 연봉 협상을 하고 있어서 자신의 목소리를 낼수 없는 환경"이라면서 "무엇보다도 배구 시장이 아직은 작은데 에이전트 제도가 과연 제대로 도입될 수 있을지 미지수다"라고 말했다. 에이전트 제도 도입에 대해 기대 반 걱정 반이라는 사실을 알 수 있었다. 또 다른 선수는 "사실 계약할 때 계약서를 잘 안 읽고 서명하는 경우가 많은데, 에이전트를 통해 제대로 설명을 듣고 계약하면 좋을 것같다. 그런 것을 생각해보면 계약과 관련 해서는 100퍼센트 도움이 된다고 본다. 특히 법적인 부문에서 큰 도움을 얻을 수 있다"고 답했다. 하지만 그 역시 에이전트 제도의 도입 가능성에 대해 의아해했다. 그리고 "구단 측에서는 거부 반응을 보일 수 있다. 배구는 아직 메이저 스포츠라는 인식이 없기 때문에 부정적인 시선이 있을 수 있다"는 우려를 표했다. KBL 선수 역시 에이전트 제도가 도입되면 선수의 연봉이 상승할 것이라는 기대를 했다. 한 선수는 "에이전트 제도가 도입된다면 연봉 협상뿐만 아니라 그 외적으로 선수들의 사생활을 존중해주고 옆에서 돌봐주고, 선수들이 부상을 입었을 때 좀 더 신속하고 확실한 치료를 받을 수 있게 해줄 것이다. 경기 내외적으로 사소한 부분 하나하나 구단 측과 마주 보며 얘기할 때가 있는데 에이전트가 옆에 있다면 선수들은 운동에만 전념할 수 있어서 경기력에 상당히 도움이 될 것 같다"고 밝혔다.

하지만 프로 구단 관계자는 조금 다른 의견을 내놓았다. 그는 "선수 연봉은 이미 오를 대로 올라 에이전트 제도의 도입이 연봉 상승에 미치는 영향은 그리 크지 않을 것이다"라며 이에 덧붙여 "에이전트 제도로 오히려 선수 연봉이 줄어들 수도 있다"고 예측했다. 구단이 제시하는 연봉 산정의 근거와 명분을, 에이전트를 대동한 선수 측에서 제공하는 것과 합리적으로 종합 비교, 검토하는 등 협상 과정이 좀 더 세련되어진다면 선수의 시장가치가 좀 더 객관적으로 형성될 수 있을 것이다.

리그마다 차이는 있겠지만 에이전트 제도의 도입으로 대부분의 선수와 구단 관계자들이 예상하는 것처럼 선수의 연봉이 오를지 아니면 앞의 프로 구단 관계자 예상처럼 오히려 거품이 꺼질지는 뚜껑을 열어봐야 알 수 있다. 다만 구단과의 협상 과정에서 능력과 실력이 검증되지 않고 구단에게 신뢰받지 못하는 에이전트의 영향력은 그리 크지 않을 것은 분명해 보인다. 또, 에이전트가 구단의 신뢰를 받기까지는 적지 않은 시간이 걸릴 것으로 보인다. 에이전트를 고용했다고 해서 선수의 연봉이 무조건 오를 것이라는 생각은 논리적이지 못하다. 그런 일이 있어서도 안 되고 그럴 일도 없을 것이다. 선수의 몸값에 대한 객관적이고 논리적인 근거가 제시되어야만 구단에서도 받아들일 것이다. 연봉 협상에서 선수의 고과 평가와 관련해 수많은 노하우를 지닌 구단을 논리적으로 설득해야 한다. 선수의 연봉 인상은 출중한 능력을 검증받은 에이전트들이 시장에 공급될 때 비로소 가능한 일이다.

선수의 연봉과 관련해서 반드시 짚고 넘어가야 할 사실은 바로 에이전트 제도 도입의 기본 취지가 선수의 연봉 상승을 위한 충분조건을 만들기 위함이 아니라, 오히려 공정한 시장가치에 따른 정당한 대우를 받는 시스템을 구축하는 데 도움을 주기 위함이라는 것이다. 프로야구 구단의 한 선수는 "현재 연봉 협상 과정에서는 구단이 갑이고 선수가 을이다. 선수가 구단 입장을 받아들이지 않으면 마찰이 빚어지고, 피해는 결국 선수가 입는 구조이기 때문에 연봉을 삭감한다 해도 받아들일 수밖에 없다"고 그들의 열악한 입지를 설명했다. 이와 같이 구단과의 연봉 협상 과정에서 계약 당사자인 선수들이 불공평하게 느낄 수 있는 열악한 협상력에 힘을 실을 수 있도록 도와주는 것이 바로 에이전트에게 기대할 수 있는 역할이 아닐까 생각한다.

선수 출신 에이전트 vs. 변호사 에이전트

선수들은 에이전트에게 다양한 역량을 요구한다. 여기서 문제되는 것은 구단 관계자와 선수가 에이전트에게 원하는 능력에 다소 차이를 보인다는 점이다. 구단 관계자는 에이전트가 법률 지식뿐만 아니라 스포츠 시장에 대한 전문 지식, 그리고 윤리적 자질을 갖추고 있어야 한다고 주장했다. 반면 선수는 대부분 법적 지식 외에 광고 계약이나 스폰서 계약에 관한 전문 지식과 노하우가 필요하다고 주장했다.

한 프로야구 구단 관계자는 "자격 부여 주체가 어디든 자격이 필요하다. 변호사 등 전문성을 지닌 사람이 에이전트로 왔을 때 여러 가지 면에서 합리적으로 상호 입장을 이해할 수 있다. 단지 선수의 지인이라고 해서 에이전트 역할을 하면, 말이 안 되는 잣대로 협상에 임하는 경우가 많아서 합리적이지 않다. 금전적인 부분만 생각할 뿐, 시장에 미치는 영향을 전혀 고려하지 않는다. 선수 입장보다는 자신의 배만 불리기에 급급한 부류다. 범죄 기록 등 에이전트의 윤리 기준을 우선 확립한 후에 다른 기준을 수립해야 한다고 본다"고 말했다.

프로농구 구단의 한 선수는 "에이전트는 우선 스포츠에 대해 잘 알아야 한다. 무엇보다도 에이전트에게 가장 중요한 것은 뛰어난 협상 기술이다"라고 했다. 한 협회 관계자는 "선수 계약, 매니지먼트 계약에 대한 명확한 이해와 처리가 가장 중요하다. 추상적인 계약으로 인한 분쟁의 소지가 너무 많기 때문이다. 아무리 변호사라도 광고, 매니지먼트 분야에 어느 정도 지식이 있어야 에이전트로 활동할 수 있다. 선수는 은퇴 선수나 스포츠 경영학 전공자를 선호하기 때문에 변호사 같이 특정 직업군 종사자만 에이전트 역할을 도맡아 할 필요는 없다고 생각한다"고 말했다. 덧붙여 "에이전트의 자격 요건에 대한 객관적이고 효과적인 검증이 더 중요하다. 객관적이고 공정한 시스템으로 에이전트 자격을 부여하면 뒷말이 없다"고 했다. 프로배구 구단의 한 선수는 "법적 지식을 잘 갖추고 이해할 수 있는 능력을 지녀 연봉 협상 시 도움이 되었으면 한다. 또한 컨디션 관리에 힘써 줄 수 있었으면 좋겠다. 비시즌에는 팬 사인회 같은 다양한 외부 행사를 통해 선수 자신의 가치를 높이고 많은 팬에게 노출되었으면 좋겠다. 방송 출연이나 광고 계약을 체결할 수 있는 능력을 갖추었으면 더욱 좋겠다"는 의견을 제시했다.

MLB에서 활약했던 김현수 선수(현 LG 트윈스)의 에이전트로 잘 알려진 이예랑 대표는 "스포츠 에이전트 교육에서 가장 중요한 것은 직업윤리와 스포츠의 이해"라고 했다. 오승환 선수의 에이전트로 활약했던 김동욱 대표는 "에이전트에게 가장 중요한 자질은 스포츠산업의 이해"라고 자신 있게 말했다. 덧붙여 "스포츠산업이 어떻게 돌아가고 있는지 알아야 효과적으로 스포츠 에이전트 활동을 할 수 있다. 특정 스포츠에 대한 규약과 법규는 수시로 찾아보는 게 효과적이다"라고 조언했다. 프로야구에 조예가 깊은 한 스포츠경영학과 교수는 "스포츠 에이전트는 변호사일 필요는 없다. 에이전트가 되기 위한 진입 장벽을 낮춰 소양이 풍부한 에이전트를 양성해야 한다"고 말했다.

일부 스포츠 관계자는 에이전트 제도의 도입으로 은퇴 선수의 일자리가 창출될 것으로 예상했지만, 인터뷰 결과 그 반대의 대답이 더 많았다는 점이 매우 인상적이다. 현 프로농구 선수는 은퇴 선수를 에이전트로 고용하는 것에 대해 "현재 선수 대부분은 에이전트가 농구 선수 출신이라면 싫어할 것 같다. 은퇴 선수 출신은 워낙 프로 구단에 대해서 잘 알고 있어서 오히려 더 코를 베일 것 같다. 농구인이 더 신뢰를 주지 못한다. 차라리 비선수 출신인 전문가에게 에이전트 업무를 맡기는 것이 더 낫다고 생각한다"고 했다. 또 다른 프로축구 선수는 "구단과 긴밀한 에이전트는 선수 입장에서는 좋은 에이전트가 될 수 없다. 물론 구단과 긴밀한 관계가 있는 에이전트 덕분에 선수가 얻게 되는 이점도 있지만 대부분 많은 손해를 본다. 특히 연봉과 관련해 선수가 생각하는 연봉보다 훨씬 적은 금액으로 계약이 성사되는 사례가 상당히 많다"며 선수 출신 에이전트를 경계하는 입장을 보였다. 또 다른 프로축구 선수는 "에이전트는 같은 종목에서 활약했던 선수 출신보다 법률적인 지식이 많은 에이전트를 훨씬 선 호한다. 물론 선수 출신 에이전트를 고용한다면 축구와 관련된 여러 가지 부족한 부분을 채울 수 있지만 포괄적으로 보았을 때, 법률 지식이 많은 에이전트가 지식적으로 한계가 있는 선수에게 더 큰 도움이 된다"면서 선수 출신 에이전트를 그리 반기지 않았다.

14

스포츠 에이전트
산업 발전을 위한 제언

에이전트 제도, 어떻게 할 것인가?

에이전트 제도의 도입과 관련해 가장 심각하게 우려하는 것은 바로 에이전트의 자격 문제였다. 구단 관계자들이 에이전트 제도에 대해 우려했던 실질적인 이유는 무자격 에이전트들이 막무가내로 선수의 연봉 협상에 개입해 구단 관계자를 난처하게 만드는 상황 때문이었다. 결국 양질의 교육 프로그램을 통한 이상적인 에이전트의 양성이 해답이다.

한 스포츠 에이전트는 "실제로 한 선수의 에이전트라고 호칭하는 사람이 여러 명인 경우가 있는데, 구단에서는 누가 진짜 그 선수의 공식 에이전트인지 알 수가 없다"면서 무질서한 에이전트 시장을 비판했다. 구단에서는 일명 '악덕 에이전트'가 설치고 다니면서 구단을 불편하게 하는 일이 없어지기를 바랐다. 한 프로축구 선수는 "선수 입장을 대변해 선수들이 자신의 가치만큼 인정받을 수 있고 그에 걸맞은 연봉을 받게 해주는, 구단의 눈치를 보지 않는 에이전트"가 자신이 바라는 에이전트라고 말했다. 그는 또 "대부분의 에이전트가 구단과 긴밀하게 거래해 뒷돈을 챙기고 선수의 연봉을 낮게 측정해서 계약하게 하고 있다. 또 수수료를 받기 위해 여러 팀으로 이적을 하게 만든다. 선수가 알지 못하는 부분을 이용해 수익을 올리려 하는 에이전트를 잘 가려내야 한다"는 충고를 잊지 않았다.

"개인적으로는 객관적이고 공정한 자격 요건을 갖춘 뒤 에이전트 자격을 갖게 하는 방법을 더 선호한다. 객관적이고 공정한 시스템으로 에이전트 자격을 부여하면 뒷말이 없다. 예를 들어 선수협에서 에이전트를 뽑게 되면 명확한 기준이 뭐냐는 뒷말이 나올 것이다. 스포츠 에이전트 대부분이 스포츠 마케터인데 시험이라는 잣대로 자격 여부를 판단하기에는 다소 무리가 있다. 은퇴 선수도 에이전트 분야를 더 공부해야 하고 확실한 검증이 되어야 하지만, 개인적인 인적 네트워크(선수와의 관계 등)를 무시할 수는 없다. 무조건 프로 경력이 있다고 되는 것이 아니라 여러 가지 업무와 재정 능력을 갖추었는지 잘 판단해야 한다."

(선수협 관계자)

한 프로 선수는 "제도가 성공적으로 도입되려면 믿을 만한 사람인지 보증해 주는 정식 증명 제도가 필요하다. 믿을 수 있는 사람인지를 판단하는 것이 에이전트 제도에서 가장 중요한 일이라고 생각한다" 고 말했다. 또 다른 프로야구단 관계자는 "축구에는 국제 표준인 FIFA 룰이 있지만 야구에는 에이전트에 관한 표준이 없기 때문에 자격을 부여하기 위한 믿을 만한 제도가 필요하다"는 의견을 내놓았다. 한 프로농구 선수는 "작년에 안 좋은 사건에 휘말린 적이 있는데, 그때 '운동을 그만둘까?' 하는 생각을 많이 했다. 당시 구단뿐만 아니라 그 어느 누구에게도 도움을 받을 수 없었기 때문이다"라고 말하면서 에이전트의 법적 지식에 대한 기대를 내비쳤다.

에이전트 제도가 도입되면 당장 구단에서는 불편을 호소할 것이다. 예를 들면 선수 대부분은 협회 규정에 따라 에이전트를 대동하지 않고 선수가 직접 구단 관계자들을 만나 연봉 협상을 해왔지만, 에이전트라는 제3자의 개입으로 그 과정이 복잡하고 불편해질 것이기 때문이다.

한국의 스포츠산업은 외형적으로 성장했지만 제도적인 성숙에 이르기에는 아직 갈 길이 멀다. 2016년 한국프로야구는 역사상 처음으로 누적 관중 800만 명을 넘어서며 최고의 전성기를 맞았지만, 대내외적으로 잊을 만하면 터지는 승부 조작 같은 대형 사건으로 풍파를 겪기도 했다. 외형적 성장에만 치우치면 한국 스포츠산업의 발전을 기약할 수 없다. 앞으로 한 단계 도약하기 위해서는 제도적 성숙과 절차적 세련미가 필요하다.

이 책을 통해 그동안 쉽게 밖으로 꺼내놓고 말하기 껄끄러웠던 '스포츠 에이전트 제도의 도입'에 대해 과감히 논의해 서로 입장이 상반된 이해 관계자 사이에 존재하는 에이전트 제도에 대한 오해를 풀도록 돕고자 했다. 스포츠 에이전트 제도의 성공적인 도입은 중요한 갈림길에 서 있는 한국 스포츠산업의 품격을 한층 높이기 위한 선진적·제도적 장치라는 사실은 분명하다. 앞으로 에이전트 제도를 어떻게 한국 상황에 맞게 도입하고 운영할 것인가에 대해 진지한 논의해야 한다.

프로스포츠 선수협회 활성화가 먼저다

프로스포츠 선수협회는 선수들을 회원으로 두고 있는 일종의 선수 권익 보호 단체이다. 이 조직의 최종 목표는 각 리그와 대등한 교섭단체로의 법적 지위를 갖는 것이다. 선수 개인과 구단 또는 리그와의 마찰을 방지하고 임금협상과 경기운영 문제에 적극적으로 개입하는 등 선수들의 이익을 대변하는 데 앞장선다. 미국의 경우 대부분의 프로스포츠 종목에서 선수협회가 구성되어 있으며 강력한 힘을 행사하고 있다. 특히, 메이저 리그 선수협회^{MLBPA}는 체계적인 발전을 거듭해 오며 '연봉 조정 신청제도', '자유 계약 선수 제도의 확립' 등과 같은 업적을 이끌어내기도 했다. 그뿐만 아니라 공인 에이전트 자격도 선수협회에서 관리·감독하는 것은 물론이고 선수와 에이전트 간의 계약도 선수협회에 보고해야 한다. 따지고 보면 선수와 에이전트 모두 선수협회의 회원인 셈이다.

하지만 한국의 경우 야구와 축구는 선수협회가 존재하나 대표적인 겨울 프로스포츠인 배구와 농구는 선수협회가 존재하지 않는다. 현재 한국의 프로배구와 프로농구는 에이전트 근거 규정은 존재하지만 국내 선수들을 위한 제도는 없는 실정이다. 프로스포츠 리그나 연맹에서 스포츠 에이전트의 제도 및 시스템의 확립을 이야기하기 앞서 선수들의 목소리를 낼 수 있는 기관인 선수협회가 우선 설립되어야 할 것이다. 그 이후 에이전트 제도의 도입 또는 건전한 에이전트 시스템 체계를 갖추기 위한 의견을 내는 것이 더 효과적일 것이다.

물론 프로스포츠 선수협회를 설립하고 체계적 시스템을 갖추는 것은 한순간에 되지 않을 것이다. 하지만 선수들도 구단에서 일을 하는 근로자로 그들의 권익을 도모하기 위한 조합을 결성하기 위해 노력해야 할 것이며 이해 관계자들 역시 선수협회 설립에 힘을 쏟는다면 에이전트 제도의 활성화뿐만 아니라 선수 권익 보호 역시 뒤따라올 것으로 보인다.

스포츠 에이전트 산업 관련 법제도 정립을

국내 스포츠 에이전트 산업의 한계를 극복하기 위해서는 스포츠 에이전트 관련 법 규정의 확립이 필요할 것으로 보인다. 법 규정의 미흡으로 현재 한국의 스포츠 에이전트들은 법률적 제도화를 통한 뒷받침을 받지 못하고 있는 실정이며 때로는 스포츠 에이전트의 잘못이 없더라도 비난을 받는 경우도 있다. 예를 들면 프로농구와 프로 배구의 경우 선수 에이전트 관련 규정이 존재하긴 하지만 실질적인 도입은 물론 운영이 되지 않고 있는 상황에서 제도의 정착을 위한 능동적인 자세가 필요하다.

과거로부터 현재까지 스포츠 에이전트와 관련된 다양한 법적 분쟁 사례가 발생하고 있는데 이는 선수와 에이전트 사이의 계약이 불안정한 법률관계라는 사실을 의미한다. 선수와 에이전트 간의 분쟁은 당사자 간의 지속적 관계란 측면에서 부정적 영향을 미치기도 한다. 현재 한국의 스포츠 에이전트 산업은 선수의 권익에 지나치게 포커스가 맞춰진 경향이 있고 이는 에이전트의 기능과 역할을 왜곡하고 역량을 축소시킬 수 있다. 선수와 스포츠 에이전트를 건전한 파트너 관계로 설정하고 유지하는 것이 바람직하며 이를 보장할 수 있는 법적인 장치를 통해 건전한 스포츠 에이전트 산업을 기대할 수 있을 것이다.

미등록·부적격 에이전트 관리·감독 강화

미등록 스포츠 에이전트들로 인한 선수들의 피해는 한국의 스포츠 에이전트 제도 확립의 필요성이 대두되기 훨씬 이전부터 있었다. 협상력 부족과 경험 미숙 등 전문성이 떨어지는 미등록 에이전트들로 인해 선수들이 구단과의 계약에 있어 불이익을 받기도 했으며 특히 해외 진출을 앞둔 선수들의 이적이 무산되는 일들은 언론을 통해서 심심찮게 볼 수 있었다. 또한 한국의 프로스포츠 팀에서 기회를 얻지 못해 절실한 선수들에게 접근하여 에이전트들은 자기들 이익을 우선시하며 해외 진출 기회를 마련해준다는 명목으로 선수들에게 금전적 요구를 하기도 했다. 해외 구단 입단 테스트 기회를 주겠다는 빌미로 수십 명의 선수를 모집하여 해외로 나갔지만 선수들은 제대로 된 테스트 기회조차 받지 못하고 한국으로 돌아왔던 것이다. 현재 한국의 에이전트 산업은 과거보다 훨씬 체계적인 시스템이 마련되었음에도 불구하고 여전히 무자격 그리고 부적격 에이전트들로 인해 선수들이 피해를 보고 있는 실정이다.

미등록 에이전트들의 활동을 막고 근절하기 위해서는 첫째 스포츠 에이전트 산업의 이해 관계자 -선수협회, 리그, 구단, 선수-들의 노력이 절실히 필요하다. 우선, 에이전트의 자격을 부여하는 주체인 선수협회를 주축으로 미국과 같이 정기적 세미나 등을 통해 에이전트들을 제대로 관리 · 감독할 필요가 있다. 공인 에이전트 자격이 말소되었지만 여전히 현장에서 활동하는 부적격 에이전트들을 심심찮게 볼 수 있고 에이전트 규정에 에이전트로 등록하거나 시험을 볼 수 없는 자들이 자격을 부여받아 활동을 하기도 한다. 단순히 에이전트를 양성하고 자격을 부여하는 것만이 능사가 아니라 철저한 관리와 벌칙 · 제재를 통해 선수들이 합법적인 공인 에이전트에게 양질의 서비스를 받을 수 있는 환경을 만들어야 한다.

둘째, 프로스포츠 구단은 선수들과의 계약에 앞서 선수를 대리하는 자의 자격 검토를 강화할 필요성이 있다. 구단은 등록되지 않은 중개인 등과 선수 고용 계약을 위한 협상을 해서는 안 된다는 규정이 명시되어 있음에도 불구하고 몇몇 프로스포츠 구단 관계자들은 선수와의 계약에 급급하여 선수대리인의 적합성을 간과하는 경향이 있다. 이는 프로스포츠 구단이 추후 곤경을 맞을 수도 있으며 더 큰 부작용을 일으킬 수 있다. 셋째, 선수들 역시 에이전트와의 계약에 앞서 에이전트의 자격을 확인할 필요성이 있다. 많은 프로스포츠 선수들이 에이전트와의 계약을 체결할 때 에이전트의 자격 유무를 확인하지 않고 있는 실정이며 이는 선수들이 피해로 돌아갈 가능성이 크다. 따라서 선수들이 에이전트를 선택할 때는 공인 에이전트 여부를 꼼꼼히 따져 봐야 할 것이다. 이는 현장에서 활동하는 미등록 에이전트의 난립을 막을 수 있는 가장 확실한 방법으로 보인다.

이 외에도 공인 자격을 보유한 에이전트들의 불법적이고 비윤리적인 활동을 철저하게 관리/감독할 필요가 있다. 일부 KBO공인 선수대리인의 경우 다른 에이전트와 계약되어 있는 선수들에게 불법적인 접촉을 하거나 야구 용품 등을 제공하며 환심을 사려는 경우를 어렵지 않게 목격할 수가 있다. 이러한 행위는 모두 금지되어 있지만 이러한 행위를 지적하더라도 이를 해결할 수 있는 인력이 부족하다. 선수대리인 관련 규정을 위반하더라도 이에 대한 적절한 처벌과 조치가 제대로 이루어지지 않는 한 법과 규정을 준수하는 선의의 피해자는 지속적으로 발생할 것이다.

아마추어 선수들을 위한 에이전트 제도 마련의 필요성

현재 한국 프로스포츠산업에서의 스포츠 에이전트 관련 제도와 시스템 정비는 비록 속도는 느리지만 올바른 방향으로 나아가고 있다. 하지만 대학 선수들을 포함한 아마추어 스포츠 선수들을 위한 에이전트 관련 정책과 연구는 미미한 것이 사실이다. 한국의 대학스포츠는 학교 스포츠와 프로스포츠를 연결하는 동시에 한국 스포츠의 생태계에서 (스포츠 서비스 상품의) 핵심 생산자로서의 중요한 역할을 맡고 있는 것을 감안하면 대학 선수들을 위한 에이전트 제도나 규정에 대한 심도 있는 논의가 필요하다.

한국 대학스포츠 전담기구인 한국대학스포츠협의회[KUSF]는 대학스포츠를 관장하고 전담하는 국내 유일의 기관으로서 대학운동부를 체계적으로 육성하고 대학스포츠의 현안을 효율적으로 관리하기 위해 2010년 설립되었다. 체육특기자 금전 스카우트 근절, 체계적인 학사관리, 학생 선수 학업 증진, 대학스포츠의 브랜드화 등 대학스포츠의 새로운 발전을 위한 사업을 펼치며 노력하고 있다. 그러나 대학 선수를 위한 에이전트의 제도나 규정은 마련되지 않은 상황이다.

반면에 미국 대학스포츠 전담기구인 전미대학체육협회[NCAA]에서는 대학스포츠 선수들을 위한 에이전트 시스템을 체계적으로 확립하고 이를 개선해왔다. NCAA는 대학 선수들의 피해를 보호하고 원활한 프로 무대로의 진출을 위해 대학 선수들을 대리하는 에이전트들의 규정을 강화하고 인증된 에이전트만이 학생 선수와 접촉할 수 있도록 공표하고 있다. 또한 무자격 에이전트의 난립으로 학생 선수들의 피해가 늘어나자 2000년 미국의 각 주는 학생 선수와 교육기관의 이익을 보호하기 위해 선수대리인 통일법[Uniform Athlete Agent Act]을 도입하였는데 이 법에 따라 대다수의 주에서는 선수대리인의 등록을 요구하고 있다. 2004년에는 스포츠 에이전트를 규제하는 연방법인 '스포츠 대리인의 책임과 신뢰에 관한 법The Sports Agent Responsibility and Trust Act'이 제정되어 시행되고 있는데 이 법은 부적절한 에이전트로부터 학생 선수를 보호하고 아마추어 스포츠의 보전을 위하여 제정되었다. 한국 대학스포츠와 미국의 대학스포츠의 규모는 큰 차이가 있는 것이 사실이지만 한국의 대학스포츠 선수들을 위한 에이전트 제도나 시스템의 부재는 안타까운 일이다. 따라서 한국 대학스포츠를 총괄하는 기구인 한국대학스포츠협의회를 포함한 대학스포츠 관련 기관은 대학 선수를 위한 에이전트 제도의 필요성을 인지하고 대학 선수들을 위한 체계적인 에이전트 규정 및 제도를 마련해야 할 필요가 있다.

에이전트 역할 변화와 에이전트 산업의 미래

프로스포츠 구단이 실력 있는 선수를 영입하고 확보하는 것은 매우 중요하다. 팀의 경기력과 성적 향상은 물론이고 팀의 인기와 관중 동원에 직결되기 때문이다. 또한 선수 이적료, 스폰서십, 머천다이징, 입장권 판매 등을 통한 구단의 수익 증대를 기대할 수 있어 구단 운영에도 긍정적인 영향을 미칠 수 있다. 그만큼 프로스포츠 구단들은 선수 확보의 중요성을 인지하고 있고 매 시즌이 시작되기 전에 저비용 고효율의 선수를 비롯한 시장성 높은 선수들을 영입하려고 노력한다.

하지만 구단이 직접 나서 잠재력이 있고 검증된 선수들을 확보하는 것은 한계가 있다. 물론 구단의 스카우트를 해외로 보내거나 전력 강화 부서에서 좋은 선수들을 발굴하려 노력하겠지만 이는 결코 쉬운 일이 아니다. 또한 구단이 원하는 선수를 찾는다 하더라도 선수 접촉 과정에서 어려움을 맞기도 한다. 따라서 대부분의 구단들은 스포츠 에이전트가 추천해 주는 선수들을 우선적으로 살펴보는 경향이 있다. 스포츠 에이전트는 구단에 원하는 선수를 소개하고, 선수들을 위해서는 선수가 최고의 대우를 받고 경기 내외적으로 활약할 수 있는 적합한 구단을 찾기 위해 노력하는 것이다. 즉, 스포츠 에이전트는 구단과 선수 사이에서 중요한 중간 역할을 한다고 볼 수 있다. 때로는 에이전트와 구단이 담합하여 선수가 아닌 그들의 이익이 우선시되는 계약을 주도하기도 하고 에이전트와 구단의 커뮤니케이션 미흡으로 인해 선수가 피해를 보는 경우도 종종 발생한다. 그러나 에이전트와 구단은 협상 과정에서는 서로 치열하게 공방을 벌이기도 하지만 끈끈한 네트워크가 형성되어 있는 관계라고 볼 수 있다.

4차 산업혁명 기술의 발달로 인해 구단의 선수 선발 및 영입 과정에 변화가 생겼는데 이는 스포츠 에이전트 산업과 에이전트의 역할도 변화시키고 있다. 과거에는 스포츠 에이전트와 구단과의 긴밀한 관계를 기반으로 스포츠 에이전트가 보유하고 있는 선수들을 구단에 소개해주며 에이전트로부터 받는 정보에 의존해 구단과 선수 간의 계약이 이루어지곤 했다. 하지만 최근에는 스포츠 선수들의 경기 데이터나 경기 동영상이 제공되는 플랫폼을 통해 구단은 영입하고자 하는 선수들의 실력을 확인한 후 선수에게 직접 연락하거나 선수의 에이전트에게 접촉하는 분위기가 대세다. 과거 에이전트가 하던 역할을 4차 산업 혁명 기술이 대체함에 따라 에이전트에 대한 의존도가 점점 줄어들고 있다. 다양한 뉴미디어 플랫폼의 발달 역시 에이전트의 도움 없이도 구단이 원하는 선수들을 찾을 수 있도록 만들었다.

축구 산업을 살펴보면 선수들의 정보를 제공하는 대표적인 플랫폼으로 트랜스퍼마켓^{Transfer markt}과 인스탯^{InStat}이 있다. 트랜스퍼마켓의 경우 전 세계 축구 선수들의 프로필과 데이터를 관리하는 공신력 있는 플랫폼으로 선수의 현재 기록뿐만 아니라 과거 경기 기록 등 세부 정보를 제공한다. 또한 에이전트가 일정 금액을 지불하면 그들이 관리하는 선수 프로필에 에이전시의 상세 정보-전화번호, 웹사이트 등-를 기재할 수도 있고 유료 회원의 경우 선수를 대리하는 에이전트와 관련한 정보 역시 볼 수 있다. 인스탯 플랫폼은 선수 프로필, 기록, 영상, 인스탯 지수(자체 평가)를 통한 선수 역량 측정 및 선수별 데이터를 제공한다. 유료 회원제로 운영되고 있으며 국내뿐만 아니라 전 세계 프로축구 구단에서 선수 스카우팅 자료로 활용하고 있다. 이 외에도 대부분의 종목에서 이 같은 다양한 선수 데이터 플랫폼들의 개발이 진행되고 있으며 구단이 선수 영입을 위해 적극적으로 서비스를 이용하고 있다.

구단의 선수 데이터 플랫폼 이용 증가로 인해 에이전트에 대한 의존도가 낮아지면서 스포츠 에이전트 산업에서 발생하고 있는 몇몇 문제점이 개선될 수 있을 것으로 보인다. 과거에 발생했던 구단과 에이전트 간의 유착관계가 줄어들고 불투명했던 협상 과정이 보다 투명해질 것이다. 그뿐만 아니라 스포츠 에이전트의 역할과 업무 역시 변화할 것이다. 과거의 에이전트는 선수의 데이터를 바탕으로 구단과의 계약 협상을 진행했다면 앞으로의 에이전트는 이미 구단이 충분한 선수 경기력에 대한 정보를 가지고 있기 때문에 경기 외적인 부분을 강조하며 협상에 임할 것으로 보인다. 스포츠 에이전트에 대한 구단의 의존도가 낮아질지라도 여전히 스포츠 에이전트는 필요한 존재이다. 협상은 기계가 아닌 사람이 해야 하는 일이며 단순한 선수의 경기력이나 데이터만으로 선수의 가치를 평가하고 연봉을 결정하는 것은 한계가 있기 때문이다. 한국의 스포츠 에이전트 제도의 개선과 현 산업에서 발생하는 문제점 해결을 위한 노력을 통해 건전한 스포츠 에이전트 산업 구축과 다양한 종목에서의 스포츠 에이전트들의 활약을 기대해 본다.

KFA 표준 중개계약서

중 개 인

성   명 :   (이하 "중개인")   소   속 : (해당시)
이 메 일 :   연 락 처 :
주   소 :

선 수 / 구 단 (아래 해당하는 곳에 ☑ 및 작성)

□ 선수	□ 구단
성 명 : (이하 "선수")	구 단 명 : (이하 "구단")
생년월일 :	이 메 일 :
소 속 : (20 년 월 일 기준)	연 락 처 :
이 메 일 :	주 소 :
연 락 처 :	
주 소 :	

상기 중개인과 선수 또는 구단은 다음과 같이 중개계약(이하 "계약") 체결에 합의합니다.

1. 기간

본 계약은   년   월   일 부터   년   월   일 까지 유효하다.

총   개월 (최대 24개월)

2. 의무 범위

1) 중개인은 선수고용계약 및 이적계약을 체결하기 위해 선수를 구단에 소개하거나 구단과 선수의 연봉 협상을 하는 행위로 정한다.

2) 중개인은 중개계약 체결 전에 선수 또는 구단에게 대한축구협회 선수중개인 관리 규정 제3장 9조의 내용을 반드시 설명해야 한다.

3) 중개인은 동일한 선수고용계약 또는 선수이적계약에 관하여 당사자 쌍방을 위한 중개행위를 할 수 없다. 다만, 사전에 선수와 구단 또는 양 구단에게 쌍방대리를 한다는 사실, 쌍방대리행위로 각 당사자들로부터 지급받기로 한 보수 등을 서면으로 설명하고, 쌍방의 서면 동의를 모두 받은 경우에는 예외로 한다.

3. 보수

대한축구협회 선수중개인 관리규정 제4장 15조에 의거하여 선수 또는 구단은 중개인에게 다음과 같이 보수를지급한다.

1) 지급 총액 (해당하는 곳에 ☑)

☐ 선수

선수가 선수고용계약 체결을 위해 등록 중개인을 고용한 경우 중개인의 보수는 체결된 계약의 전체기간에 해당하는 선수 기본급여의　　　%로 한다.

☐ 구단

　☐ 구단이 선수고용계약 체결을 위해 등록 중개인을 고용한 경우 중개인의 보수는 체결된 계약의 전체기간에 해당하는 선수 기본급여의　　　%로 한다.

　☐ 구단이 선수 이적체결을 위해 등록 중개인을 고용한 경우 중개인의 보수는 해당 선수 이적에 따른 이적료의　　　%로 한다.

2) 지급 방식 (해당하는 곳에 ☑)

□ 고용계약 체결 시 일시불로 지급한다.

□ 고용계약 체결 시 분할(개월)로 지급한다.

□ 고용계약 체결 시 분기(분기)에 지급한다.

□ 고용계약 체결 시 매달(일)에 지급한다.

□ 기타 (자세히) :

3) 보수 지급은 중개인 명의 또는 법인 명의의 은행 계좌로만 지급한다.

(1) 입금은행 :

(2) 입금계좌 :

(3) 예 금 주 :

(4) 기   타 : (Swift Code 등)

※ 계좌변경 시 합의서를 10일 이내에 대한축구협회 중개인 등록 사이트(joinkfa.com)
에 제출해야 한다.

4) 미성년 선수를 대상으로 체결된 선수고용계약 및 이적의 경우, 중개인은 선수 또는
구단으로부터 보수를 지급받을 수 없다. (단, K리그 등록 선수는 예외로 한다.)

4. 계약 변경 및 해지

1) 중개계약 체결 후 그 내용을 변경한 경우 및 그 계약이 해지된 경우, 중개인과 선수
또는 구단은 관련서류를 계약체결·변경·해지일(실제 서명날인한 날)로부터 10일 이내에
대한축구협회 중개인 등록 사이트(joinkfa.com)에 제출해야 한다.

2) 선수·구단 또는 중개인은 상대방(중개인 또는 선수·구단)에게 계약 해지를 서면으
로 알림으로써 즉시효력으로 이 계약을 해지할 수 있다. 단, 그 계약을 해지한 당사자는
상대방에게 손해를 배상해야 한다.

5. 중개계약서 제출 의무

중개계약이란 선수 고용계약을 목적으로 선수와 중개인 간에 체결하는 계약과 이적계약을 목적을 구단과 중개인 간에 체결하는 것으로써, 중개인은 그 계약서를 계약 체결일로부터 10일 이내에 대한축구협회 중개인 등록 사이트(joinkfa.com)에 제출해야 한다.

6. 분쟁

선수 또는 구단과 중개인 사이에 일어난 분쟁은 대한축구협회 규정에 따른다.

7. 강제 조항

1) 당사자들은 계약을 함에 있어 적용되는 국가의 법, 대한축구협회, 각 대륙축구연맹 및 FIFA의 정관 및 규정을 준수한다.

2) 미성년 선수와의 중개계약은 법정대리인의 동의서(별첨 1)를 중개계약서와 함께 서면으로 제출해야 한다.

8. 별도 합의 (* 별도로 합의한 내용이 있는 경우에만 작성)

* 계약서에 명시된 것 이외에 별도로 합의한 내용을 자세히 기재해 주십시오.
* 추가 서류가 있는 경우 계약서 뒷장에 함께 첨부해 주십시오.

9. 서명

본 중개계약 체결을 증명하기 위하여 계약서 2부를 작성 및 서명한 후 선수 또는 구단 및 중개인이 각 1부씩 보관하고 중개인 등록사이트(joinkfa.com)에 10일 이내에 제출한다.

장 소 / 날 짜

장 소:	날 짜: 20 년 월 일

서 명

중개인	
□ 선 수 (*만 18세 이하의 선수는 법정대리인)	□ 구 단
성 명: 서 명: *관 계: (첨부서류 : 별첨 1)	구 단 명: 서 명:

법정대리인 동의서

□ 선 수 (미성년자)

성 명	
생 년 월 일	
소 속	
주 소	

□ 법 정 대 리 인

성 명	(인)
생 년 월 일	
선수와의 관계	
주 소	
연 락 처	

본인은 상기 선수(미성년자)의 법정대리인으로 중개인 계약에 대한

모든 사항에 동의합니다.

20 년 월 일

■ 첨부서류 : 주민등록등본 또는 가족관계증명서 1부.

KBO리그 선수대리인 계약서

선수 _____(이하 ″선수″)와(과)

선수대리인 _____(이하 "대리인") 은(는) KBO 선수대리인 규정에 근거하여 다음의 계약을 체결한다.

제1조(목적)

선수와 대리인은 이 계약이 당사자간의 완전한 자유의사에 의해 체결되었으며, 선 수대리인 업무와 보수지급 등 선수대리인 계약상 당사자간의 권리의무관계를 분명 하게 정하고, 선수와 대리인간의 상호의 이익을 위해 체결된 것임을 확인한다.

제2조(대리인 권한의 부여)

① 선수는 대리인에게 다음 각호의 업무를 수행할 권한을 대리인에게 위임한다.

　1. 선수계약의 교섭 및 연봉계약 체결 업무

　2. KBO 규약상 연봉조정신청 및 조정업무의 대리

② 선수는 전항의 업무 및 이와 관련된 업무를 대리인 이외에 다른 제3자에게 대리 권을 부여할 수 없으며, 대리인은 선수가 부여한 권한 이외에 선수의 다른 권리를 행사할 수 없다.

제3조(대리인 보수)

① 선수는 제2조 제1항에 의한 업무수행으로 발생하는 대리인의 보수로 선수계약 금액의 _____%를 지급한다.(5%를 넘지 않는다)

② 전 1항의 선수계약금액에는 선수계약 자체의 옵션달성으로 인한 수익은 포함되 지

만 다음 각호의 수입은 포함되지 않는다.

　1. 선수대리인의 업무와 관련 없이 선수에게 발생한 수입

　2. KBO리그 경기 및 KBO가 허용한 리그 외 경기의 성적 및 기록에 따라 경기단 체 또는 후원업체로부터 받는 상금 및 인센티브

　③ 대리인은 선수계약으로 발생한 수입을 선수가 지급받은 후 선수에게 대리인 보수를 청구하고 지급받을 수 있다.

　④ 선수가 이 계약기간 중 대리인의 업무로 이 계약기간을 초과하는 선수계약을 체결한 경우 이 계약이 기간만료 또는 해지를 이유로 종료되어도 대리인은 다른 약정 사항이 없는 한 이 계약기간 중 체결된 선수계약의 보수를 선수에게 청구할 수 있 다.

　⑤ 선수와 대리인은 각자의 소득에 대한 세금을 각자 부담한다.

　제4조(대리인의 의무)

　① 대리인은 선수의 이익을 위하여 선량한 관리자의 주의의무를 가지고 업무를 수 행하여야 한다.

　② 대리인은 자신의 이익과 선수의 이익이 충돌할 경우 선수의 이익을 우선해야 한 다.

　③ 대리인은 선수의 적법한 지시에 따라야 하고, 중요한 위임사무를 진행할 경우 사전에 선수와 협의하여야 한다.

　④ 대리인은 선수의 명시적인 의사표명에 반하는 계약을 체결할 수 없고, 선수의 요청이 있을 경우 정기 또는 수시로 업무 진행상황을 보고하여야 한다.

　⑤ 대리인이 선수 이외의 제3의 선수와 별도의 선수대리인계약을 체결할 경우, 제3의 선수의 이익을 위하여 선수의 이익을 희생하여서는 아니된다.

　⑥ 대리인이 전항의 의무들을 위반하거나 이건 계약을 부당하게 파기하여 선수에 게 손해를 입힐 경우, 대리인은 선수에게 이로 인한 손해를 배상하여야 한다.

제5조(선수의 의무)

① 선수는 본 대리인계약의 이행 및 존속을 위하여 신의에 따라 노력하여야 한다.

② 선수가 본 대리인계약을 부당하게 파기할 경우, 선수는 대리인에게 만일 부당 파기가 없다면 대리인이 장래에 보수를 취득할 것이 분명하다고 인정되는 금액을 배상하여야 한다.

제6조(계약기간)

① 이 계약의 계약기간은 _____년 _____월 _____일부터

_____년 _____월 _____일까지 (_____년 _____개월)로 한다.

(1년을 넘지 않는다)

② 계약을 갱신하거나 연장하려는 경우 별도의 계약을 체결해야 하고, 묵시의 갱신 등 자동으로 계약기간이 갱신 또는 연장되는 것은 인정되지 아니한다.

제7조(확인 및 보증)

① 대리인은 선수에게 다음 각 호의 사항을 확인하고 보증한다.

　　1. 계약체결 당시 KBO 선수대리인 규정에서 정한 제반 자격 및 등록 절차 규정 을 충족한 것과 계약기간 중 KBO 선수대리인 규정과 KBO 규약을 준수할 것

② 선수는 대리인에게 다음 각 호의 사항을 확인하고 보증한다.

　　1. 본 계약을 유효하게 체결하는데 필요한 권리 및 권한을 보유하고 있다는 것

　　2. 계약기간 중 이 계약내용과 저촉되는 계약을 제3자와 체결하지 않는다는 것

제8조(계약의 해제 또는 해지 등)

① 선수대리인계약을 체결한 이후에도 선수와 대리인은 다음 각 호의 기간 이내에 계약을 철회할 수 있다.

1. 계약서를 교부하거나 받은 날부터 14일

2. 계약서를 교부하지 않거나 받지 아니한 경우에는 계약체결일로부터 14일

② 다음 각 호의 사정이 발생할 경우, 그 상대방은 계약기간 중이라도 위반자에 대 하여 14일 간의 유예기간을 정하여 위반사항을 시정할 것을 먼저 요구하고, 만일 그 기간 내에 위반사항이 시정되지 아니하는 경우에 계약을 해제 또는 해지할 수 있다.

1. 선수 또는 대리인이 본 계약상의 내용을 위반한 경우

2. 대리인의 불성실 등 선수대리인 계약에 대한 상호 신뢰관계가 훼손된 경우

③ 다음 각 호의 사정이 발생할 경우 선수 또는 대리인은 시정요구 없이 즉시 계 약을 해제 또는 해지할 수 있다.

1. 선수 또는 대리인이 파산, 회생 및 이에 준하는 채무조정절차를 신청하는 경 우

2. 대리인이 선수협회로부터 업무정지 또는 자격취소 처분을 받은 경우

④ 선수와 대리인은 전2항 및 전3항의 사유가 아니라도 기간을 정하여 서면으로 본 계약을 해지할 수 있다. 다만 이 경우 당사자는 10월 1일부터 다음해 1월 31일까지 는 사단법인 한국프로야구선수협회(이하 "선수협")의 허가를 받아 해지한다.

⑤ 제2항 내지 제3항에 따른 계약 철회 또는 해지는 서면으로 하여야 하며, 철회 또는 해지의 의사를 표시한 서면을 발송한 날에 그 효력이 발생한다.

⑥ 본 계약이 철회 또는 해지된 경우에 당사자는 본 계약과 관련하여 지급받은 금 전이나 공급받은 재화 등을 철회 또는 해지한 날로부터 3일 이내에 자신의 비용으 로 상대방에게 반환하여야 한다.

⑦ 제5항의 경우 당사자가 이미 재화 등을 사용되거나 일부 소비한 경우에는 사용 하거나 일부 소비하여 당사자가 얻은 이익에 상당하는 금액을 제5항의 기일 이내에 상대방에게 지급하여야 한다.

⑧ 계약해지일 현재 이미 발생한 당사자들의 권리 및 의무는 이 계약의 해지로 인 하여 영향을 받지 않고, 만일 일방당사자에게 별도로 손해가 발생할 경우 그 당사 자는 상

대방에게 손해배상을 청구할 수 있다.

제9조(불가항력에 따른 계약종료)

선수가 중대한 질병에 걸리거나 상해를 당하여 선수활동을 계속하기 어려운 사정이 발생한 경우 이 계약은 종료되며, 이 경우에 대리인은 선수에게 손해배상 등을 청 구할 수 없다.

제10조(권리 등의 양도 금지)

선수와 대리인은 이 계약상 권리 또는 지위의 전부 또는 일부를 제3자에게 양도할 수 없다.

제11조(비밀유지)

선수와 대리인은 이 계약의 내용 및 이 계약과 관련하여 알게 된 상대방의 업무상 의 비밀을 제3자에게 정당한 사유 없이 누설할 수 없으며 이를 비밀로 유지한다. 이 비밀 유지의무는 계약기간 종료 후에도 유지된다.

제12조(계약의 적용범위와 보충)

① 본 계약의 적용범위는 대한민국과 KBO리그로 한다.

② 본 계약상의 용어는 KBO리그 선수대리인 규정과 KBO 규약에 따르며, 본 계약에서 정하지 않은 내용은 KBO 선수대리인 규정을 우선 적용한다.

제13조 (분쟁해결)

① 본 계약에서 발생하는 모든 분쟁은 KBO리그 선수대리인 규정에서 정한 선수협의 중재절차에 따라 해결함을 원칙으로 한다.

② 전1항의 중재에 따라 당사자가 소송을 할 경우 관할법원은 법원으로 한다. (특약

사항은 관련 조항에 기재할 수 있다. 예, 보수지급 일자 등)

제14조 (특약사항)

선수와 대리인은 본 대리인계약에서 다음 각호의 특약사항을 정한다.

(다만 KBO리그 선수대리인규정과 KBO규약을 위반한 약정은 하지 않는다)

(특약사항은 관련 조항에 기재할 수 있다. 예, 보수지급 일자 등)

이 계약의 성립 및 내용을 증명하기 위하여 계약서 2부를 작성하고, 선수와 대리인 이 서명 날인 후 각 1부씩 보관한다.

_____년 _____월 _____일

선수 :

주소 :

생년월일 :

성명 : _____(날인 또는 서명)

선수의 법정대리인(선수가 미성년자인 경우) :

선수와의 관계 :

주소 :

생년월일 :

성명 : _____(날인 또는 서명)

선수대리인 :

주소 :

생년월일 :

성명 : _____(날인 또는 서명)

Representation Agreement

On the parties

Football Agent

[Football agent contact details]

(hereinafter "Football Agent")

and

Client

[Client contact details]

(hereinafter "Client")

(Football Agent and Client are collectively referred to as "Parties")

have agreed to conclude a representation agreement (hereinafter "Agreement") as follows:

Clause 1 – Contractual basis

1. The Football Agent and the Client are entering into this Agreement of their own free will wishing to conclude a Representation Agreement by which the Football Agent shall provide to the Client Football Agent Services

in the meaning of the FIFA Football Agent Regulations.

2. The general rights and obligations of the Parties are contained in the FIFA Football Agent Regulations, which shall form an integral part of this agreement.

3. All capitalized terms used in this agreement refer to the FIFA Football Agent Regulations, unless stated otherwise.

Clause 2 - Services

1. The Football Agent is appointed by the Client to provide the following Football Agent Services (hereinafter "Services") in accordance with the FIFA Football Agent Regulations:

• Intermediation of the transfer

Clause 3 - Duration

This Representation Agreement shall take effect on [Start date (text)] and automatically terminate on [End date (text)].

Note: As per article 12.3 of the FIFA Football Agent Regulations, for Individuals, a maximum duration of 24 months is permitted.

Clause 4 - Remuneration

1. Only the Client may remunerate the Football Agent for the work accomplished in the context of the agreed Services.

2. The Football Agent shall always provide the Client with an invoice for each payment as provided in the FIFA Football Agent Regulations.

3. If the Client's annual fixed gross remuneration is less than or equivalent to USD 200,000, the Client may agree with an Engaging Entity that the latter pays to the football agent's remuneration on his/her behalf, in accordance with the relevant FIFA regulations and circulars.

Note: As per article 14.3 of the FIFA Football Agent Regulations, for Individuals.

4. The Football Agent shall receive the following remuneration in accordance with the FIFA Football Agent Regulations for the execution of the agreed services:

• A commission amounting to [Individual Or Engaging Entity Percentage] of the Remuneration (as defined by the Football Agent Regulations) due to the Client as a result of the employment contracts negotiated by the Football Agent and calculated and payable in accordance with the FIFA

Football Agent Regulations and the payment schedules prescribed therein.

　· A commission amounting to [Releasing Entity Percentage] of the transfer compensation (as defined by the Regulations on the Status and Transfer of Players) due to the Client as a result of the contracts negotiated by the Football Agent and calculated and payable in accordance with the FIFA Football Agent Regulations and the payment schedules prescribed therein.

Clause 5 - Exclusivity

1. The Parties agree that the Client representation rights are hereby granted Exclusively to the Football Agent.

2. The representation rights are hereby granted for the entire world.

Clause 6 - Applicable law and Jurisdiction

Any dispute arising out of or in connection with this agreement will be governed by the applicable FIFA Regulations, or the applicable domestic regulations, as the case may be. For disputes falling within the jurisdiction of the Agents' Chamber of the Football Tribunal of FIFA, the Agents' Chamber shall have exclusive jurisdiction. For disputes of a domestic nature, which do not fall within the jurisdiction of the Agents' Chamber of the Football Tribunal of FIFA, the relevant decision-making body of the respective FIFA Member Association shall have exclusive jurisdiction.

Clause 7 – Statement on independent legal advice

Note: As per article 12.4 of the FIFA Football Agent Regulations, for Individuals.

1. The Football Agent hereby states that he/she has informed the Client in writing prior to entering into this Agreement that he/she is free to seek independent legal advice concerning this agreement.

2. The Client hereby states that he/she has been informed in writing by the Football Agent of his entitlement to seek independent legal advice concerning this agreement prior to executing it and has chosen to waive that right.

Signed in duplicate by the Parties to indicate their agreement, a copy of the Agreement has been provided to each party and lodged in the FIFA Agent Platform by the Football Agent.

Client print name	Football Agent print name
Signature & stamp of the Client	Signature of the Football Agent
Signature of the minor player's legal guardian (if applicable)	Stamp of the agency (if applicable)
Place and date (DD/MM/YYYY)	Place and date (DD/MM/YYYY)

"Disclaimer: This standard template of a representation agreement (hereinafter the "Template") ensures compliance with the FIFA Football Agent Regulations (FFAR). However, all parties need to be aware that the Template does not take into account possible additional legal requirements applicable at national level, depending on the domicile of either or both of the parties. FIFA does not accept any responsibility in connection with the Template or its use by any party, and it strongly advises parties to seek independent legal advice in relation to the use of the Template prior to using it."

For the time being, we kindly remind you that certain provisions of the FIFA Football Agent Regulations are temporary suspended. For more information, please read FIFA Circular no. 1873

참고문헌

1) 『2021 스포츠 산업 조사 결과 보고서』(문화체육관광부, 2021).
2) 『한국형 에이전트 제도 도입방안』(한국스포츠개발원, 2016), 278쪽.
3) 김은경 · 정광윤, 「프로 선수의 법적 지위의 제고에 대한 연구」, 『스포츠 엔터테인먼트 법학회』 18(4), 2015, 237~254쪽.
4) 성환희, 「스토브리그 마지막 '전의 전쟁' 연봉 협상」, 『한국일보』, 2014년 12월 7일.
5) 「연봉조정위원회 결과」, 한국야구위원회, 2024년 1월 11일.
6) 유병민, 「계약서, 왜 감독 · 코치는 주고 선수는 안 주게 돼 있나」, 『일간스포츠』, 2016년 4월 8일.
7) Paul Harber, 「Earl Wilson, 70; first black to pitch for Sox」, 『The Boston Globe』, April 26, 2005.
8) Frank Litsky, 「Mark H. McCormack, 72, Pioneer of Sports Marketing」, 『The New York Times』, May 17, 2003.
9) 개인적으로 친분이 있는 캐머런 포스터가 미국 곤자가 대학에서 특강했을 때 나누었던 인터뷰에 따름.
10) Pablo S. Torre, 「How (and Why) Athletes Go Broke」, 『Sports Illustrated Vault』, March 23, 2009.
11) Daniel Roberts, 「16% of retired NFL players go bankrupt, a report says」, 『Fortune』, April 15, 2015.
12) Tim Reynolds, 「The men who followed Rodman to North Korea」, 『The Associated Press』, January 7, 2014.
13) Robert H. Ruxin, 「An Athlete's Guide to Agents』(Jones and Bartlett, 2004).
14) Andrew Brandt, 「An agent's life isn't all glamour」, 『ESPN』, November 27, 2012.
15) Andrew Brandt, 「Football's Other Recruiting」, 『MMQB』, December 19, 2013.
16) Jason Belzer, 「The World's Most Valuable Sports Agencies 2015」, 『Forbes』, September 23, 2015.
17) 『포브스』 홈페이지(http://www.forbes.com).
18) 「2022 Highest-Earning Sports Agents」, 『Forbes』(http://www.forbes.com/sports-agents/list).
19) 『포브스』 홈페이지(http://www.forbes.com).
20) Jason Belzer, 앞의 글.
21) 「2016 KBO 소속 선수 현황 발표」, 한국야구위원회, 2016년 2월 11일.
22) 「2015년 K리그 구단별 연봉 현황」, 대한축구협회, 2015년 12월 24일.
23) 「2016~2017 시즌 1차 선수 등록 마감」, 한국배구연맹, 2016년 7월 1일.
24) 「2016~2017 시즌 프로 농구 선수 등록 마감 결과 안내」, 한국농구연맹, 2016년 6월 30일.
25) 「'연봉 퀸' 하나외환 김정은…23명 억대 연봉」, 한국여자농구연맹, 2015년 6월 1일.
26) 「삼성생명, 외국인 드래프트 전체 1순위 토마스 지명」, 한국여자농구연맹, 2016년 7월 11일.
27) 「WKBL, 외국인 선수 재계약 제도 실행」, 한국여자농구연맹, 2016년 5월 2일.
28) 「2016 남자부 외국인 선수 트라이아웃 실시 확정」, 한국배구연맹, 2016년 2월 23일.
29) 「2016 여자부 외국인 선수 트라이아웃 실시」, 한국배구연맹, 2016년 2월 4일.
30) 「KBO 규약」, 한국야구위원회.
31) 「K리그 규정」, 한국프로축구연맹.
32) 「2015~2016 시즌 신인 선수 제도」, 한국배구연맹.
33) 「경제활동 인구조사」, 통계청, 2015년.
34) 「고용 형태별 근로 실태 조사」, 고용노동부, 2015년.
35) 「2015 KBO 소속 선수 등록 현황 발표」, 한국야구위원회, 2015년 2월 12일.
36) 「소비자물가 조사」, 통계청, 2015년.
37) 「한국형 에이전트 제도 도입방안」(한국스포츠개발원, 2016), 127쪽.
38) 전자공시시스템(http://dart.fss.co.kr).
39) Ben Fischer, 「Octagon's athletes shine in Rio」, 『SportsBusiness Journal』, August 29, 2016.
40) 리우 올림픽 공식 사이트(https://www.rio2016.com).

41) Jeff Fox, 「UFC Fight Night: Henderson vs Masvidal Fighter Salaries, Reebok $, Attendance & Gate」, 『The Sports Daily』, November 29, 2015.

42) 한국프로골프협회 홈페이지(http://www.koreapga.com).

43) 한국여자프로골프협회 홈페이지(http://www.klpga.co.kr).

44) 한국프로골프투어 일정(http://www.kgt.co.kr/tournaments/scheduleList.aspx?tour=korean&tour_code=11&sYear=2015).

45) 2015년 PGA 상금 순위(http://www.pgatour.com/stats/stat.109.2015.html).

46) 2015년 KPGA 상금 순위(http://kgt.co.kr/stats/leaders_item_all.aspx?tour_cd=11&year=2015&item=64).

47) 2016년 KLPGA 투어 일정(https://klpga.co.kr/web/tour/tourList.do).

48) 2015년 KLPGA 상금 순위(https://klpga.co.kr/web/record/point.do?p_year=2015&p_kind=RE&type=P1).

49) 「A guide to understanding the structure of PGA Membership and PGA Member Education」, PGA, 2016(http://www.pga.info/media/69005/16industryguidelinesweb1204.pdf); 「About LPGA」, LPGA, 2016(http://www.lpga. com/about-lpga).

50) 2015년 KPGA 상금 순위(http://kgt.co.kr/stats/leaders_item_all.aspx?tour_cd=11&year=2015&item=64); 2015년 KLPGA 상금 순위(https://klpga.co.kr/web/record/point.do?p_year=2015&p_kind=RE&type=P1).

51) 유정우, 「2조 국내 시장 넘어 '글로벌 스포테인먼트' 공략」, 『한국경제』, 2015년 12월 2일.

52) 갤럭시아SM 홈페이지(http://galaxiasme.com).

53) 세마스포츠마케팅 홈페이지(http://www.semasm.com).

54) 하남직, 「트랙맨으로 연봉 근거 제시…변호사들, 야구 에이전트로」, 『연합뉴스』, 2016년 6월 9일.

55) 브리온컴퍼니 홈페이지(http://www.brion.co.kr).

56) NXT 인터내셔널 홈페이지(http://www.nxtint.co.kr).

57) FIFA 에이전트 등록 현황.

58) 국제농구연맹 에이전트 • 에이전시 검색(http://www.fiba.com/agents).

59) 이정진, 「정선민, 첫해 연봉 3만7천 달러에 3년 계약」, 『연합뉴스』, 2003년 5월 4일.

60) 「2023 에이전트 등록 현황」.

61) 박태훈, 「일 프로 야구 평균 연봉 3억 8,000만 원…한국의 3배」, 『세계일보』, 2016년 4월 26일.

62) 2016년 J1리그 선수 연봉(http://www.soccer-money.net/players/in_players.php).

63) 이규호, 『엔터테인먼트법의 최신 쟁점』(진원사, 2011), 201~213쪽.

64) 야마자키 타쿠야 • 이시와타리 신스케, 「대리인 교섭제도 도입의 경위, 실시 상황과 앞으로의 과제」, 『자유와 정의』 52, 103쪽.

65) David L. Snyder, 「Automatic Outs : Salary Arbitration in Nippon Professional Baseball」, 『Marquette Sports Law Review』(2009), 20(4), p.88.

66) 이규호, 앞의 책.

67) David L. Snyder, 앞의 글, p.85.

68) Kenneth L. Shropshire, 「Baseball Salary Arbitration in Japan」, 『9 ENT. & Sports Law』(1992), pp.17~18.

69) 이규호, 앞의 책, 201~213쪽.

70) 이규호, 앞의 책.

71) 메이저 리그 에이전트 규정(http://mlbplayers.mlb.com/pa/info/agent_regulations.jsp).

72) NHL 선수 협회가 공인한 에이전트(http://www.nhlpa.com/inside-nhlpa/certified-player-agents).

73) NFL 선수협회의 에이전트 소개(https://www.nflpa.com/agents).

74) NBA 선수협회의 에이전트 소개(http://nbpa.com/agents/).

75) NFL 선수 협회의 에이전트가 되는 법 소개(https://www.nflpa.com/agents/how-to-become-an-agent).

76) 「2011가합15243 판결」, 서울중앙지방법원.

77) 임주영,「박지성 계약 위반 9억 원대 소송 휘말려」,『한겨레』, 2006년 10월 17일.

78) 양영권,「김두현, 에이전트 보수 '미지급' 피소」,『뉴시스』, 2007년 1월 8일.

79) 김태종,「김연아 이중계약 소송 국내 에이전트 승소」,『연합뉴스』, 2008년 5월 30일.

80) 이재동,「계약 위반 축구대표 백성동 에이전트에 3,000만 원 배상」,『문화일보』, 2012년 9월 19일.

81) 이상호,「외국 프로팀 입단 사기 에이전트 대표 집유」,『사건in』, 2012년 2월 20일.

82)「2010노144」, 대구고등법원.

83) 이장호,「이메일로 주고받은 사본 합의서도 효력 있어」,『법률신문』, 2015년 7월 10일.

84) 신효진,「8,000여 만 원 편취, 축구 에이전트 구속」,『강원신문』, 2012년 9월 20일.

85) 윤현석,「무단이탈 이천수 전남에 2,000만 원 배상하라」,『광주일보』, 2012년 6월 18일.

86) 임재훈,「첼시 리, 혈통-신분 위조 판명…희대의 사기극에 놀아난 한국 여자 농구」,『미디어스』, 2016년 6월 15일.

87) 남장현,「K리거 출신들 태국 진출 러시 긴급진단」,『일요신문』, 2013년 2월 12일.

88) 김태룡,「한국 선수의 동남아 진출, 그 명과 암」,『축구저널』, 2015년 9월 5일.

89) 이싱철,「'3년 정지' 용병 에이전트, KBL에 버젓이 활동」,『SBS』, 2012년 6월 12일.

90) 구길용,「광주 FC 무자격 에이전트 계약 논란」,『뉴시스』, 2013년 1월 8일.

91) 정희완,「'J리그에 입단시켜주겠다' 무자격 축구 에이전트」,『경향신문』, 2011년 9월 21일.

92) Andrew Goodman,「What Athletes Can Learn From Tim Duncan's Alleged $20M Financial Loss」, 『Forbes』, November 11, 2015.

93) Dashiell Bennett,「Sports Agents Should Not Be Gambling On Their Own Clients(But They Definitely Are)」,『Business Insider』, October. 20, 2010.

94) Rand Getlin,「Terrell Owens suing former agent Drew Rosenhaus」,『Yahoo! Sports』, August 23, 2013.

95) Darren Heitner,「Octagon Football Sued By Former Agent As Another Football Agent Departs From Company」,『Forbes』, May 29, 2014.

96) Liz Mullen,「Wasserman picks up two young NBAers for representation」,『Sports Business Journal』, September 5, 2016.

97) Erin Summers,「Sports agent's lawsuit against former UNC football players Quinn, Austin dismissed」,『WRAL Sports Fan』, July 15, 2015.

98) 김동찬,「KBO 양해영 사무총장 "에이전트 제도 이르면 내년 도입"」,『연합뉴스』, 2016년 9월 29일.

99)「한국형 에이전트 제도 도입방안」(한국스포츠개발원, 2016), 150쪽.

100) Mike Ozanian,「Manning Lawsuit Could Rattle $1.5 Billion Sports Memorabilia Business」,『Forbes』, 2014년 1월 30일.

101)「2013다61961 판결」, 대법원.

스포츠 에이전트의 겉과 속

ⓒ 박성배·전종환, 2024

초판 1쇄 2024년 8월 20일 찍음
초판 1쇄 2024년 8월 30일 펴냄

지은이 | 박성배·전종환
펴낸이 | 강준우
인쇄·제본 | 지경사문화

펴낸곳 | 인물과사상사
출판등록 | 제17-204호 1998년 3월 11일

주소 | (04037) 서울시 마포구 양화로7길 6-16 서교제일빌딩 3층
전화 | 02-471-4439
팩스 | 02-474-1413

ISBN 978-89-5906-763-3 03690
값 18,000원